El mar:
una declaración de amor

PALABRA

© Eduardo Camino, 2025
© Ediciones Palabra, S.A., 2025
    Ronda del Caballero de la Mancha, 59 – 28034 Madrid
    Telf. (34) 91 350 77 20 - (34) 91 350 77 39
    www.palabra.es
    palabra@palabra.es

Diseño de portada: Equipo editorial
Imagen de cubierta: Playa de Xeraco © Ricardo Camino
ISBN: 978-84-1368-473-4
Depósito Legal: M-12.237-2025
Printed in Spain - Impreso en España

EDUARDO CAMINO

El mar:
una declaración de amor

Un ejercicio de contemplación

dBolsillo

Como buscan las olas la orilla del mar (…)
Yo he buscado en mi alma queriéndote hallar.
(*Gwendolyne*, J. Iglesias)

Hombre,
nadie ha sondeado el fondo de tu abismo;
oh mar, nadie ha llegado a tu tesoro mismo.
(*El hombre y el mar*, Ch. Baudelaire)

A todos sus eternos enamorados.

– ÍNDICE –

Dijo Dios:

—Que se reúnan las aguas de debajo del cielo en un solo lugar, y aparezca lo seco.

Y así fue. Llamó Dios a lo seco tierra, y al conjunto de aguas lo llamó *mares*. Y vio Dios que era bueno (*Gn* 1, 9-10).

UNA DEUDA
DIFÍCIL DE SALDAR

En la tierra existen unos 535 107 millones de kilómetros cúbicos de agua. El agua cubre más del 70% de la superficie, aunque el 95% todavía está por explorar. El mar ocupa, por tanto, dos tercios de nuestro planeta y, a un millón seiscientos mil kilómetros de distancia, podemos contemplarnos como una canica azul. Quizá por eso, muchos opinan que sería más exacto denominarnos «planeta mar» o «planeta azul», en vez de «planeta tierra».

Semejante superficie nunca ha dejado de atraernos. La literatura, la poesía, el cine, la música, la pintura, el arte en sus diversas manifestaciones, han plasmado el mar de múltiples maneras, acercándonoslo, tratando de transmitirnos su belleza.

No es casualidad que el 80% de la población mundial viva en un radio de 100 kilómetros del mar, de un lago o de un río y que, cuando llega el verano, millones de personas emprendan rumbo a la costa para extender sus toallas en la arena y tomar el sol, para nadar o sumergirse en sus olas, para jugar o pasear por sus orillas. *El mar eleva y renueva. Llena. En él se sienten de alguna manera conectados con toda la creación.* Sus azules y verdes, en contraste con el cielo o la arena, ejercen un influjo misterioso y su simple contemplación descansa, relaja, conforta, ayuda a recobrar la serenidad. Todo lo que le rodea, el paisaje en su conjunto, logra transmitir una curiosa sensación de libertad y plenitud. El espectáculo que nos ofrece es más, mucho más, que un conjunto de materias vivas y muertas, más que arena y agua, sal y algas, rocas y barcos, peces de diversos colores y tamaños. Todo grita belleza, desde el reflejo de la luz del sol en su superficie hasta la unión del cielo con la tierra en la línea del horizonte. Todo transmite paz y misterio; un misterio que nos pertenece y que, al gozarlo, no logramos desprendernos de esta extraña sensación: *es como si formase parte de nosotros.* Pero ¿qué posee para atraer tanto? ¿De qué misterio se trata? ¿Dónde radica su gran poder de convocación?

Nací en Galicia, una tierra bendecida por la belleza de sus costas, sus playas y acantilados. El mar ha sido protagonista de muchos momentos especiales de mi vida, de esos que recopilan y sanan todo lo anterior y me impulsan y animan a afrontar lo que queda. Momentos compartidos con amigos navegando o charlando mientras paseábamos por la playa. El mar siempre ha ejercido, sin quererlo, una fuerte atracción sobre mí. Y poder estar con, en él, lo he considerado siempre un regalo, un privilegio.

Durante mi juventud cambié el Atlántico por el Mediterráneo, aunque por estudios y trabajo, visitarlo se convirtió en algo excepcional, en fiesta. Los diecisiete años siguientes me trasladé a una ciudad sin mar. Fueron años que me hicieron valorarlo más, añorarlo, intentar retenerlo en mi memoria hasta esperar el momento de volverlo a ver. Las puntuales escapadas a las costas gallegas, y algunos veranos costeros, mantuvieron latente su carácter extraordinario y festivo.

Hoy he vuelto a trasladar mi vida a pocos metros del Mediterráneo y hace tiempo que aprovecho todos los meses del año para disfrutar de sus aguas. El clima lo facilita mucho. Pese a tenerlo a tiro de piedra, no me acostumbro a visitarlo. Soy un eterno enamorado de su espectáculo, me calma y llena. Por lo que el haber nacido tan cerca de él, dejarlo –nunca del todo– para volver

—siempre tengo la sensación de que me está esperando— y asentar de nuevo mi vida junto a él, ha hecho que tome conciencia de que *vivo en deuda con él...* una deuda difícil de saldar y de explicar —de ahí estas páginas—. En pocas palabras diría que se trata de esto: *en el mar me encuentro a mí mismo y muy fácilmente con Dios; me siento querido.*

¿Qué quiero decir con lo de «me encuentro a mí mismo»? Me refiero a que, cuando pienso cómo soy, me veo compartiendo con el resto de los seres humanos una curiosa mezcla de grandeza y miseria, de ambición y bajeza, de grandiosidad y pequeñez. Somos capaces de conocer y dominar la naturaleza y de morir por un imprevisible accidente; de ayudar en las zonas más necesitadas de la tierra y de estafar en nuestras profesiones; de dar la vida por los demás y de abortar a los recién concebidos; de ser amables y simpáticos con los desconocidos y serios y secos con nuestros seres más cercanos; de profanar lo más sagrado y de hacer de la materia un altar; de la abnegación más absoluta y de la traición más vil. Y, junto a sentir en mi interior la contradicción, también es cierto que dentro, muy dentro de mí, habita el deseo de vivir para siempre; quizá sea esta la mayor contradicción que deba

—debamos todos— soportar: *un fuerte anhelo de eternidad* que necesariamente queda frustrado por la muerte.

Además, veo que podemos prever bastantes cosas, pero no todas. Que necesitamos controlar, pero, mucho más, aprender a abandonarnos. Vemos el bien, lo conocemos y estudiamos, pero tantas veces hacemos el mal. Decimos, pero luego hacemos lo contrario. Necesitamos a los demás, pero también la soledad. Amamos tanto la fiesta como el silencio. Somos previsibles e imprevisibles; únicos, pero con muchos gustos y costumbres comunes al resto. Anhelamos un cierto equilibrio —entre rapidez y paciencia, entre razón y sentimiento, entre acción y contemplación, etc. —, para vivir con paz. Los éxitos, al igual que las alegrías, nos llenan y alegran, pero, al poco tiempo, desaparecen.

Podría seguir, pero... pienso que es suficiente para justificar la necesidad de «encontrarme». Porque, al verme así, trato de entender por qué me pasa lo que me pasa, por qué siento lo que siento. Si se lo preguntase a M. Heidegger, me contestaría que «somos como apátridas en la patria más propia», W. F. Nietzsche me aseguraría que «somos desconocidos para nosotros mismos» y J. Ortega y Gasset simplemente me diría que lo que nos pasa es que no sabemos lo que nos pasa. Por eso, B. Pascal concluiría afirmando que «el hombre supera infinitamente al hombre» o, con otras palabras, que *somos un misterio*. Porque lo cierto es que lo más ruin y lo más sublime, lo más alto y lo más bajo, se dan cita en nuestros corazones. Y por todo esto –y más– necesito *algo*, alguien, que me oriente, que me conduzca a mi verdadero yo. A lo largo de estas páginas, ese algo, que nos conducirá a ese *Alguien*, será el mar.

El mar se nos presentará, así, como «instrumento» que nos ayudará a aclararnos. Porque, en el fondo, con él compartimos misterio. Yo soy siempre viejo y nuevo y él también. Yo deseo eternidad y tiendo a una desconocida plenitud; él es puerta de esa eternidad y contemplar su horizonte, donde el cielo se une con la tierra, despierta y alimenta mis deseos de plenitud. El mar es manso y fuerte, calmo y bravo. Tiene sus momentos, como yo, que no siempre consigo mantener la calma y la sonrisa. Me fascina y embruja; en él siento quietud, pero solo imaginar el verme atrapado en una de sus tempestades me aterra. Disfruto navegando, cogiendo sus olas, nadando, comiendo sus ricos peces y mariscos, tomando el sol tumbado en la arena; pero ese mismo sol puede llegar a abrasarme, sus animales atacarme y sus olas matarme. Soy un misterio y el mar también.

Y ¿qué quiero decir con que «me encuentro muy fácilmente con Dios»? A que en el mar me reconozco porque de alguna manera su belleza logra abrir mis sentidos a lo espiritual, despertarlos a lo invisible. Actúa como una misteriosa puerta hacia la fe, hacia la visión de lo que no se ve –pero de alguna manera percibo–. Porque tras esa puerta está la divinidad, Jesucristo, un Dios hecho hombre –por eso, nuestro misterio se desvela y alcanza su plenitud en el suyo–. Sí, el mar me lleva a Dios, en él siento fácilmente su presencia y, al hacerlo, me ofrece esa pieza del puzle que falta, de ese puzle que somos cada uno de nosotros.

Con otras palabras: por la belleza que transmite, por los tesoros que esconde, por los significados que encierra, tras el corazón humano, considero el mar un lugar del todo privilegiado para quien quiera abrirse a lo espiritual, encontrarse con Dios. Lo contemplo como una gran prueba de que lo espiritual se esconde tras la materia. Porque la materia es más que materia. Su belleza nos habla.

Descrito muy telegráficamente podría decirse que Dios dejó su marca en la creación, en la encarnación amó la materia hasta el extremo –nunca dejará de asombrarme que Él pase a formar parte de alguien como nosotros, de carne y hueso– y con su resurrección la introdujo en el cielo. Y si toda realidad material remite a algo que va más allá de sí misma, el mar es, en este sentido, una realidad del todo privilegiada. En él, Dios se nos muestra muy cercano. No está fuera o lejos, está ahí y le puedes ver, entender su lenguaje, porque, sobre todo, está en ti. «¡Señor, Dios mío, qué grande eres! (…). Tú extendiste el cielo como un toldo y construiste tu mansión sobre las aguas» (*Sal* 104, 1-3).

Por lo que, a lo largo de estas páginas, te recordará, porque de alguna manera lo contiene, el poder de la belleza y de la gracia –ayuda divina–, siempre infinitas. Y así como resulta imposible vaciar su agua, solo «Él encierra en un cántaro las aguas del mar y pone en un depósito las olas del océano» (*Sal* 33, 7), me resulta imposible contemplarlo y no sentir a Dios. De alguna manera, pero ante él, he hecho el mismo descubrimiento que I. Kant cuando confesaba que dos cosas colmaban su ánimo «con una admiración y una veneración siempre renovadas y crecientes:

el cielo estrellado sobre mí, decía, y la ley moral dentro de mí». Y comprendí, como sostenía V. Hugo, que solo hay un espectáculo mayor que el mar, el cielo.

Por eso gocé al escuchar a P. Kreeft decir que el mar es el lugar donde Dios, mayormente, se divierte jugando y, por eso, allí le encontramos. Es recreo divino, ese patio al que todos deseábamos salir al finalizar las clases. Junto al corazón del hombre, las olas, el sol, la arena, la línea del horizonte, todo lo que el mar nos regala, forma un escenario privilegiado por la divinidad para mostrarse y divertirse —el Mar de Galilea fue uno de sus lugares favoritos— con nosotros.

Si, como sostenía R. Guardini, «el mundo es el rostro por el cual mira Dios», y S. Weil aseguraba que «la belleza del mundo es la sonrisa llena de ternura que Cristo nos dirige a través de la materia», el mar es ese espectacular paisaje del universo donde más fácilmente podemos descubrir la risa en el rostro divino y, por encima de todo lo que nos ocurra, *reírnos con Dios*. No olvidemos, como apuntaba H. Cormier, que «si el amor es el vínculo de la perfección y la fuente de todo lustre espiritual, el humor es la alegría, el encanto, la suavidad, la atracción, la sal, la luz, el sabor». Encanto, sal, luz, sabor, sonriente mar.

¡Cuántas veces he disfrutado de él! ¡Cuántas veces en él he descansado! ¡Cuántas cosas me ha susurrado! De ahí que, compartiendo estas reflexiones, este *ejercicio de contemplación* intente paliar algo de lo mucho que le debo. Solo algo, porque la deuda es infinita. Pasando al papel estas ideas y plasmándolas con un cierto orden, intento sacar ese mar que, estoy convencido, todos en mayor o menor medida llevamos dentro y contar por qué, estando en él, me siento como en la antesala del cielo, muy cerca de Dios. Dos olas se dan cita, por tanto, a lo largo de estas páginas: el amor de Dios y el amor al mar. De ahí el título: *una declaración de amor*. Y de ahí que sostenga que, como tantos otros y sin saber explicar muy bien por qué −espero que uno lo pueda expresar mejor al terminar la lectura−, en él me siento querido..., por Dios.

Por lo que el sumergirnos en estas páginas será también *camino que nos ayude a encontrarnos con nuestro ser más auténtico*. Necesariamente es así ya que encontrar a Dios, en el fondo, es encontrarse a uno mismo. Si Él es «Yo soy», «el que Es», yo seré solo en la medida en que sea Él. Será en Él, en su amor, cuando yo me reconozca completamente, cuando mi auténtica dignidad salga a la superficie. Porque «cuando el ser humano, consiente en ser visitado por otro, cuando consiente en salir de sí para entrar en otro, entonces es verdaderamente él mismo» (Ch. Moeller). Y no se trata de un mero juego de palabras, sino de la más pura realidad. Como poéticamente decía Ch. Baudelaire:

«¡Hombre libre, por siempre has de querer al mar!

Es tu espejo: contemplas a tu espíritu mismo.

Es su ola que se desarrolla sin cesar;

y tu alma no es menos amarga que su abismo».

En cuanto a la estructura del libro, te anticipo que la inmersión –este ejercicio de contemplación– tendrá tres paradas –que dan lugar a los tres capítulos–. Cada una más honda, hacia las profundidades del mar, del yo. En la primera aplicaremos los cinco sentidos al mar: ¿Qué escuchamos en él? ¿Qué sabor tiene? ¿A qué huele? ¿Qué sentimos al tocarlo? ¿Qué vemos al observarlo? Al hacerlo pretendemos mostrar que somos más de lo que sentimos, más que materia. Es más, nos asombraremos al comprobar que no tenemos cinco, sino diez sentidos y que será en el paso de los sentidos externos a los internos

–porque es cerrando los ojos cuando muchas veces uno percibe lo esencial– cuando comience a aparecer ese camino hacia la trascendencia, hacia lo espiritual. En este capítulo, los sentidos, introducidos así por caminos de contemplación, se nos mostrarán al servicio del alma, mediadores entre ella y el espíritu.

En la segunda parte describiré todo aquello que el mar me recuerda, todo lo que aparentemente esconde y, a simple vista, no se ve. Se trata de relacionarlo con aquellas realidades que de alguna manera están latentes en él, realidades muy ligadas a nuestro ser.

Y en la tercera tocaremos fondo: del mar y de nosotros mismos. En ella desplegaré algunas de sus paradojas, ellas son las que, al final, nos abrirán realmente los ojos a su grandeza y a la nuestra: las paradojas nos brindan siempre una contemplación más completa y profunda de la realidad.

Por tanto, nuestra inmersión consistirá en superar los sentidos externos, recordar aquellas realidades ligadas a nuestro ser que se dan cita en él y comentar algunas de las paradojas que esconde.

Y nada más. Solo me resta invitarte a abrir esta puerta al cielo –aunque siempre permanece abierta–. No se trata de explorar el fondo marino, ni de descubrir barcos hundidos o de bucear por recovecos y cuevas, se trata de algo mucho más trepidante y enriquecedor: percibir lo eterno en lo temporal, lo infinito en lo finito, reencontrarse en el amor de Dios, volver a la infancia, al seno materno. Porque, con la ayuda de la poesía, de la filosofía y de la teología, a medida que avancemos, irá aflorando ese yo de niño que todos fuimos y nunca hemos dejado de ser.

En fin, este tipo de deudas infinitas desembocan necesariamente en un agradecimiento también infinito porque, contemplándolo, resulta difícil no agradecer la vida, la tierra, el mundo, todo. Y, no lo olvidemos, el agradecimiento –que nos saca de nuestro yo y sabe reconocer lo bueno– sigue siendo la mejor de las actitudes para dejar paso a la trascendencia. El lenguaje alcanza su cénit en él, en la alabanza agradecida.

Ojalá que sus olas, a veces mansas, a veces bravas, como estas páginas, dejen al final, en la orilla, a aquel niño que quizá habías olvidado en el oleaje de la vida hace ya... tantos años. Nuestra infancia nunca nos abandona, por eso es bueno encontrar una mano amiga que nos señale el camino: ¡gracias, mar!

Primera parte
EL MAR Y LOS SENTIDOS

En principio, la sensibilidad no engaña, es la que me dice cómo de cerca o de lejos estoy del ideal elegido, cómo de verdadera es mi vida, cómo de firme mi personalidad. Ella me despierta, me saca de mis casillas, me templa o hace que me muestre indiferente. La sensibilidad destapa mi querer más profundo, pone al descubierto mi corazón, mi rostro más verdadero.

El problema es que hoy habitamos en una sociedad hipersensibilizada. La verdad, la bondad, exigen ser sentidas para ser reconocidas como tales. Nuestra afectividad, enganchada a la virtualidad de consumo del deseo y a la imaginación, está desbordada, como desarraigada de la realidad, mutilada para la trascendencia. Y, paradójicamente, cuando desligamos nuestros sentidos del espíritu, nos hacemos más insensibles, es como si perdieran sabor, fuerza. Vivimos rodeados de sonidos sin saber distinguirlos –hay demasiado ruido, sobre todo dentro de nosotros–, de imágenes –cada clic, una nueva– que cada vez nos dejan más ciegos, de olores que, apenas percibidos, se convierten en recuerdo, probamos sabores sin degustar ninguno y tocamos tantas cosas que apenas nos sentimos «tocados» por nada. La búsqueda constante de –nuevas– sensaciones ha anestesiado nuestros sentidos: después de una carrera, el primer sorbo de agua no nos sienta igual que el agua que bebemos al empezar el tercer vaso.

Tal hipersensibilización hace que olvidemos que cada uno de nuestros sentidos externos responde a uno interno, que cada sentido externo encuentra su contrapartida en el espíritu, en nuestro corazón: porque podemos ver cosas con los ojos cerrados, oír voces con los oídos tapados, degustar sin mover la lengua, tocar sin mover ni un dedo y oler sin apenas respirar. A ellos se refería Jesús cuando nos preguntaba: «¿Teniendo ojos no veis y teniendo oídos no oís?» (*Mc* 8, 19). Y lo decía quien tenía bien integrada su sensibilidad. Por eso supo distinguir ese «tocar con el corazón» de una mujer enferma que, en medio de una muchedumbre que le apretujaba logró, con apenas rozar su manto, quedar curada (cfr. *Lc* 8, 40-46).

Es más, es en el paso de los sentidos externos a los internos cuando realmente penetramos en lo profundo de las cosas, cuando ellas se abren de manera nueva a nuestro conocimiento desvelándonos su propia identidad. Es un inicio de contemplación. Quienes logran dar este paso superan la apariencia y la parcialidad, la curiosidad y la superficialidad. Sus sentidos no responden ya a una simple mentalidad práctica o utilitarista que acaba desvirtuando la misma realidad. Logran ver en lo invisible; comienzan a sospechar que la belleza del mundo debe ser simplemente signo de una mayor. Nos llevan más allá del gozo y del dolor por el camino del encuentro.

San Agustín descubrió esos cinco sentidos y, al hacerlo, nos regaló este bello interrogatorio que dirige a Dios en sus *Confesiones*: «¿qué es lo que amo cuando yo te amo? No belleza de cuerpo ni hermosura de tiempo, no blancura de luz, tan amable a estos ojos terrenos; no dulces melodías de toda clase de cantilenas, no fragancia de flores, de ungüentos y de aromas, no manás ni mieles, no miembros atrayentes a las caricias de la carne: nada de esto amo cuando amo a mi Dios. Y, sin embargo, amo una especie de luz, de voz y de fragancia y de alimento y de caricia, cuando amo a mi Dios, que es luz, voz, fragancia, alimento y caricia del hombre mío interior, donde resplandece a mi alma lo que el espacio no contiene; resuena lo que no arrebata consigo el tiempo; exhala sus perfumes lo que no se lleva el viento; saborea lo que no se consume comiendo, y donde la unión es tan firme que no la disuelve el hastío. Esto es lo que amo cuando amo a mi Dios». Pues es esta experiencia de luz, voz, fragancia, gusto y caricia, reflejos del amable Dios, la que voy a tratar de contarte cuando, a lo Agustín, fije a continuación mis diez sentidos en el mar. ¿Preparado?

1. El oído: lo que sus olas susurran

Empecemos por el oído. Todos tenemos necesidad de ser escuchados. Quitarnos la palabra es casi como matarnos. Y no escuchamos –aunque aparentemente prestemos atención– cuando estamos esperando el menor fallo del otro para contraatacar, cuando al menor silencio «colocamos», cuando no tenemos la más mínima intención de modificar lo que pensamos, cuando formulamos preguntas que a continuación respondemos. Entonces oímos, pero permaneciendo cerrados a la verdadera escucha. Solo escuchamos cuando mostramos interés, cuando ordenamos, ponderamos, sabemos esperar, etc. Y, cuando lo hacemos, lo hacemos no solo con los oídos, sino con la mirada, con la mente, con el corazón, con la posición de nuestras manos, con todo nuestro cuerpo. Escuchar bien es siempre un arte más difícil que el de saber expresar algo. Recibir suele costar más que el dar. *Nuestra grandeza no radica tanto en la capacidad de palabra como en la de escucha*. Ahora bien, ¿cómo escuchar al mar?

Piensa en tu canción preferida. ¿Cuántas veces seguidas estarías dispuesto a escucharla? El mar siempre canta la misma. Sus olas interpretan una melodía más bella que cualquier canción; no aburre ni cansa. Pero, para oírla, hay que cultivar el arte de la escucha: *escuchar es más que oír*. Requiere poner toda la atención, no tener prisa, acomodarse a las palabras, estar abierto, receptivo, dispuesto a cambiar. Y, manteniendo estas actitudes, pensar que uno no está perdiendo —el tiempo—, sino ganando mucho más. La inactividad tiene su propia lógica de plenitud, no es vacío o ausencia, sino esplendor, intensidad.

Escuchar es *cambiar el monólogo interior* que acostumbramos a llevar —qué tengo que hacer, qué voy a comer, qué voy a comprar, cuándo le voy a llamar, etc. – *por el diálogo*, abriéndonos a la realidad que nos quiere interpelar. Como si lleváramos años viviendo en el campo, rodeado de pájaros y, un día, nos asombrásemos de sus cantos mientras caemos en la cuenta de que siempre han estado ahí, siempre ahí... pero nunca antes los habíamos escuchado. Las olas siempre están ahí, pero la mayoría de las veces no sabemos escucharlas. *El mar forma parte de lo obvio, de lo que siempre está ahí, de lo escuchado –y visto– una y mil veces y que, sin embargo, nunca cansa.*

Sin silencio no hay música. Solo en el silencio se nos permite escuchar algo nuevo, improvisar. No podremos escucharlas en medio de la prisa como no podremos gozar de la *Novena Sinfonía de Beethoven* pendientes de cuánto va a durar. Las olas no se escuchan en términos de rendimiento o explotación. Lo que dicen, lo dicen gratuitamente y a todos. *Necesitamos* calma, congelar el tiempo y, sobre todo, acoger el silencio, el silencio interior, el que posee una estructura humilde. Porque la voz del mar habla al alma. Así y ahí escucharemos. Ahí y así, solo el mar y tú, las olas y tú. Como cantaba J. Sepúlveda: «bajo el palio de la luz crepuscular, cuando el cielo va perdiendo su color, quedo a solas con las olas espumosas que demandan su rumor». Tan solo tú y el mar, el mar y tú. No hay nada ni nadie más. Escucha... Hay encuentro. Escucha... una y otra vez, al mar, desde el silencio interior. Escucha... y ya... el diálogo.

I. Dinesen, refiriéndose a la página en blanco, decía que, si «el cuentista es leal, eterna e inquebrantablemente leal a la historia, allí, al final, hablará el silencio» y, a Dios, le chiflan este tipo de páginas. Afirmaba el místico A. Silesius: «¡Ve a donde no puedas! ¡Mira donde no veas! Escucha donde hay silencio: es allí donde habla Dios». Sin necesidad de palabras. Lo hace a través de una puesta de sol, de la vista desde la cumbre, desde los colores de las hojas en otoño, a través del esplendor de la primavera, del fuego de la hoguera y... a través de las olas del mar. La creación no es muda.

Las páginas en blanco son las más bellas porque son las que más respetan nuestra libertad y aquellas cuyo contenido más nos llena. El sonido del mar es calificado de «ruido blanco». Y a Dios le encantan porque también fueron en blanco las páginas más importantes de su vida: las que escribió durante los azotes, al compás de los latigazos, entre bofetada y escupitajo, entre burlas y chistes fáciles, al sentir los clavos penetrar en su carne. Él no decía nada, «escuchaba», dejaba hacer y «dialogaba»; con su actitud nos decía todo, todo lo realmente importante. Porque esas páginas blanquecinas llenadas por esos silencios suyos no hablan, ¡gritan! Jesús no calla por falta de ideas ni por agotamiento ni por temor a las consecuencias, sus silencios son acogida, fortaleza y plenitud: amor en estado puro.

Y, «casualmente», eso mismo nos dicen las olas: lo mismo que su pasión y muerte nos grita desde hace más de veinte siglos. Nos dicen no lo que deseamos oír, sino lo que necesitamos oír, lo único que necesitamos: «te amo». El mar –como aquel día escuché decir a P. Kreeft– nos dice continuamente: «te amo, te amo, te amo». *Por eso el mar enamora y acoge.*

«Te amo» como la tierra al sol, como el mar quiere la orilla, como un marinero su hogar. «Te amo» porque siempre te he querido, porque es muy bueno que existas. «¡La voz del Señor sobre las aguas!» (*Sal* 29, 3). «Te amo». «Te amo» y te espero.

2. El tacto: el abrazo marino

Cuando tocamos sus aguas, mojamos nuestros pies, nadamos, cuando nos sumergimos en ellas, ¿qué sentimos?

Antes de que nuestros ojos vieran la luz, flotábamos en el seno de nuestra madre. Ahí todos pasamos unos meses. Sé que no recuerdas nada —yo tampoco—, pero si pudiésemos volver atrás y describir conscientemente esos momentos, encontraríamos lo más parecido a lo que uno siente al sumergirse en el mar.

Una vez, en la vida de Jesús, un judío influyente llamado Nicodemo fue a verle admirado por lo que oía de él. Jesús le dijo: «si uno no nace de nuevo, no puede ver el Reino de Dios». Nicodemo le preguntó: «¿cómo puede un hombre nacer siendo viejo? ¿Acaso puede entrar otra vez en el seno de su madre y nacer?». Jesús le respondió: «en verdad, en verdad te digo que, si uno no nace del agua y del Espíritu, no puede entrar en el Reino de Dios». Palabras misteriosas, pero palabras que reflejan ese abrazo marino, porque un «volver al seno de la madre» es lo que sus aguas nos ofrecen. Sentir el mar es sentirse amado, abrazado en un abrazo materno siempre nuevo y eterno. En él se da cita nuestra principal tarea: más que amar a Dios, dejarse querer por Él. «En esto consiste el amor: no en que nosotros hayamos amado a Dios, sino en que Él nos amó...» (*1 Jn* 4, 7).

Nicodemo «temía» a Dios y sabía mucho de la ley judía, de los preceptos y normas que todo buen israelita debía cumplir. Las palabras de Jesús le sugerían replantearse el origen de esa ley, volver a su sentido original. Esto le llevaría a una nueva relación con Dios: una relación desde el fondo de uno mismo, desde el corazón, llevado por el Espíritu. Sin planificaciones ni controles, sin cuadrículas, sin miedos, con creatividad y sorpresas, con riesgos y zozobras.

El abrazo marino y mariano nos permite relajarnos, volver al vientre, al origen, a nuestro yo original. No al que ahora encubre esa careta de experiencias y golpes forjada por el paso de los años. ¡Mírate al espejo! Tenía razón G. Thibon cuando escribió que, al final de la vida, lo único que hay que saber es «si esa sonrisa inmóvil de la calavera es nuestro verdadero rostro... o nuestra última máscara». Porque el mar nos permite recordar que una vez existimos sin ambiciones, sin proyectos ni planes, sin luchas ni preocupaciones... en aquel seno materno −y no nos iba tan mal... hemos llegado al menos hasta aquí−. Y lo que todo el cuerpo siente al sumergirse en él es, por unos instantes, eso: volver a nacer, sentirse amado solo por existir, por ser hijo... esperado, amado aún antes de que conociesen nuestro rostro. Y así como para oírlo se requerían determinadas disposiciones, para sentirse abrazado por el mar es necesario volver a ser niño.

Por eso el bautismo, también con su agua, es un *renacer*. Su agua significa el poder que salva, limpia y sana. Como figura de aquel diluvio universal que borró todo el mal que había echado raíces sobre la tierra. La tierra necesitó volver a sumergirse de nuevo –en su seno materno– para renacer, ¡tan grande es, mar, tu poder!

Pero, aunque el mar nos abrace y permita volver al vientre materno, no todos los abrazos son iguales. Hay abrazos formales, simples muestras de respeto y aprecio; abrazos que aprietan mucho, pero dan poco, y abrazos en los que no queda parte del yo sin entregar. En estos últimos, el yo queda a disposición de lo que ama, de lo que abraza con todo su ser. Ya no tengo que preocuparme. Poner mi yo en manos de otro, que en esto consiste el amar, el vivir. Y así abraza el mar, abrazo de madre que se entrega, que se da totalmente; abrazo de quien mejor te conoce y te quiere («te amo», «te amo», «te amo» aún antes de verte ya te llamaba por tu nombre) porque te ha engendrado y llevado en sus entrañas, compartido alimento y, al haber formado parte de ella, le perteneces de una manera única y si-nigual.

Pero la cuestión es que nosotros, a veces, nos dejamos abrazar y a veces, no. A veces nos conformamos con un abrazo de regazo, que ya es mucho; pero otras nos atrevemos a darnos del todo y, entonces, dejando atrás la seguridad y la comodidad –del regazo–, vamos mar adentro, más adentro, al vientre que nos vio nacer. Y si Dios se hizo hombre en el seno de María, nosotros nos haremos Dios, como Nicodemo, volviendo a ese mismo vientre.

Fui al mar y en sus aguas me fundí en un abrazo eterno, materno. En sus aguas quería perderme, permanecer para siempre. Fue un abrazo antesala de cielo, un abrazo total de principio y fin. Como acertadamente intuyó T. S. Eliot: «en mi principio está mi fin». Así fue en la vida de la Virgen. Por eso, cuando a Murillo o a Velázquez le pides que pinten una Inmaculada, una escena que tiene que ver con el principio de su vida, te pintan una Asunción, algo que realmente aconteció al final. Y no se equivocan. No solo porque la Virgen sigue siendo la Inmaculada, sino porque principio y fin en Ella eran lo mismo, su Hijo, Alfa y Omega (cfr. *Ap* 1, 8). Y es que *cada vez que el mar me abraza, empiezo a encontrar-*

me con mi principio, que es también mi fin. Empiezo a sentirme hijo de otra manera... ya para siempre.

3. El gusto: sal que da vida

¿A qué sabe el mar? No vale responder que a helado de limón, a paella, a bocadillo de calamares, a todo aquello que alguna vez hemos tomado en sus rocas o playas. El mar no sabe a las comidas en sus orillas. Sería como decir que la Navidad sabe a turrón. Y tampoco sabe a los productos que sus aguas nos regalan: mejillón, pulpo, almejas, rodaballo, mero, centollo, bogavante, etc. Todos ellos nos lo evocan, aunque, quizá con más fuerza, el percebe.

El mar sabe a agua salada. «Sabor de sal, sabor de mar», decía aquella canción italiana. No a agua mezclada con sal en tubo de ensayo, no a suero, sino a la producida en el mayor laboratorio de la naturaleza.

Ya los médicos romanos y griegos reconocían el poder curativo del agua de mar. Los romanos tenían sus termas. Todavía hoy quedan muchos balnearios y seguimos empleando la expresión «tomar las aguas». Una ducha caliente o fría puede ser un buen reconstituyente. En Japón siguen siendo un ritual tanto social como particular sus diferentes baños –*ofuro, onsen, sento,* etc. –. Sus aguas dan vida y la sal que contienen posee efectos beneficiosos para la salud. De ahí que me siga impresionando el hecho de que las toneladas de vertidos tóxicos y de basuras que continuamente se vierten en él no logren disminuir su capacidad de sanar.

A lo largo de la historia, la sal se ha empleado para cosas muy diferentes. En un origen más remoto, para evitar la corrupción de los alimentos –de hecho, el término «salario» procede de la manera en que se pagaba a los romanos: con sal, en una época en la que no había frigoríficos–; dentro de la tradición judía, en los sacrificios de la antigua ley, era símbolo de la inviolabilidad y permanencia en la Alianza, con ella se sellaban pactos. Sellar un pacto suponía prolongar la palabra dada en el tiempo, evitando así su corrupción.

La sal posee varias propiedades beneficiosas para la salud. Es antibacteriana: acaba con las bacterias. Es antiséptica: destruye los gérmenes. Es antiinflamatoria: elimina la inflamación de las vías respiratorias y de la piel. Es un biocida natural que mata los virus por deshidratación. Es higroscópica y funciona por ósmosis: atrae el agua y con ella diluye la mucosidad e hidrata la piel. Así, el mar posee propiedades antiinflamatorias, antibacterianas y antisépticas –les chupa el agua a las células–, cura heridas y prevé infecciones, equilibra la grasa. Seca. La agradecen mucho la psoria*sis*, el acné y muchas dermatitis –palabra que suelen emplear los médicos cuando no saben realmente por qué te han salido esas ronchas que tanto te pican–. Aunque, si la analizásemos, veríamos que contiene también otros minerales y oligoelementos: zinc, magnesio, potasio y yodo. Y todas estas beneficiosas propiedades hacen que el sabor del mar se convierta en modelo para otras realidades. Es «marca registrada».

Por ejemplo, hay vinos cuyas uvas son cultivadas cerca del mar para adquirir cierta salinidad e incluso toques minerales y ahumados. Tal es así que podríamos decir que el mar no posee sabor, sino que lo da a todo lo que toca. Nuestra piel no es la misma bañada por sus olas, como una comida tampoco lo es si carece de sal, aunque los productos sean de primera calidad y esté cocinada por el mejor chef del mundo.

Pero, sobre todo, con su sal transmite vida –esa vida que trataban de prolongar las propiedades de la sal–. Percibirlo es haber distinguido entre *probar* y *degustar*. Uno *prueba* cuando se acerca a un nuevo sabor con cierta desconfianza; pero *degusta* lo que sabe es delicioso, lo que le deleita y llena. *El mar transmite con su sabor cierta plenitud vital* y de ahí que esos helados de limón y bocadillos de calamares tomados en sus orillas resulten especiales y se graben con más facilidad en la memoria. En este sentido, el mar también sabe a descanso, a paz, a calma. Al inspirarnos tranquilidad y sosiego, nos ayuda a reflexionar y a ver la vida y afrontar sus problemas de manera diferente. Esas lágrimas, también saladas, son como un aviso de dolor ante el cual el mar reclama nuestra compañía. «Mis lágrimas son perlas que caen al mar...», cantaba A. Hammond en *Ansiedad.*

Y por eso me recuerda tanto la Eucaristía. Un pan en sí insípido, todo lo contrario a la sal que da sabor, pero un pan que no es que sea vida, ¡es la Vida! No es que transmita deseos de plenitud, es que ¡confiere Vida plena, vida eterna, la que tenemos el privilegio de compartir con Dios! Tras comulgar, también a uno le embarga la paz, la paz de saber que posee todo, que Dios está ahí y no nos deja; uno siente renovadas sus flojas fuerzas. También este pan –con su levadura sin fermentar– es modelo de otros panes. Y tanto él como la sal ¡desaparecen del todo en quien los toma! Porque *ser sal es como dar la vida por el otro*, como Cristo en la Eucaristía.

Y es que mirando al mar puedo casi casi decir lo mismo que santo Tomás ante la Hostia Santa: «Te adoro con devoción, Dios escondido oculto verdaderamente bajo estas apariencias, a Ti se somete mi corazón por completo y se rinde totalmente al contemplarte». Por eso J. Sepúlveda cantaba también lo de «mirando al mar soñé que estabas junto a mí. Mirando al mar, yo no sé qué sentí, que acordándome de ti lloré. La dicha que perdí, yo sé que ha de tornar. Y sé que ha de volver a mí, cuando yo esté mirando al mar».

Estamos ante sabores que dan vida, que curan y cicatrizan heridas. Es este sentido entiendo la frase de Jesús: «Vosotros sois la sal de la tierra. Pero si la sal se vuelve sosa, ¿con qué se salará? No vale sino para tirarla fuera y que la pisotee la gente» (*Mt* 5, 13). Los creyentes somos luz y alegría del mundo, nuestra gozosa existencia tiene sabor. No es que la fe nos eleve tanto que nos haga incapaces de disfrutar o nos aparte de las cosas, sino todo lo contrario. La fe saca todo el partido a la materia. Porque es pasando desapercibida como la sal, que muchas veces no se ve, pero se nota, la que nos capacita para hacer de esta vida, a veces monótona y aburrida, un mar:

la fe nos proporciona el condimento secreto que hace que lo ordinario parezca extraordinario, con ella somos capaces de disfrutar más... ¡capaces de disfrutar plenamente de cuanto nos rodea!

4. El olfato: aires de libertad

Con el olfato ocurre algo parecido al gusto: el mar no huele a algas, a lonja, a bronceador, etc. Aunque todos esos olores nos recuerden su presencia. Es más, hay un perfume, *Monoï*, cuyo olor nos traslada rápidamente a la playa en verano. Su aroma cálido y dulce recuerda las playas tropicales de la Polinesia. Las notas de salida huelen a cáscara de naranja verde, mandarina, notas medias de azahar, tuberosa y clavo. Las notas de base o fondo, a vainilla, coco y cedro. Todo ello reproduce y enseguida te transporta al olor característico de esas cremas bronceadoras veraniegas que extendemos en la piel.

Aclaro que llamamos «notas olfativas» de «salida» a aquellas características que podemos apreciar en una fragancia durante los primeros minutos, son las que nos proporcionan una primera impresión. Las «de corazón» son, en cambio, como el alma de la fragancia: configuran la identidad y personalidad del perfume. Y llamamos «de fondo» a las que duran, las que, pese al transcurrir de las horas, permanecen. Quizá nos resulte más sencillo «captarlas» si aplicamos su sentido a la lectura de un libro: «de salida» recogería la primera impresión después de leerlo, «de corazón» daría lugar a una opinión más ponderada del texto ya leído dos o tres veces y, «de fondo», es lo que a uno recuerda –una frase de *Crimen y castigo* de F. Dostoyevski es como un tratado sobre la conciencia, *La perla* de J. Steinbeck es la envidia, etc., una temática, un episodio, etc. –, cuando oímos mencionar el libro.

Y hablando de notas olfativas... Me encuentro con la siguiente descripción del *Acqua di Gio* de Armani para hombres, una fragancia aromática calificada de acuática: la nota de jacinto se abre con un ligero toque de bergamota de Calabria, neroli y mandarina verde. Ligeras notas acuáticas combinan el aroma del jazmín, el helianto picante, el romero, el caqui con un alma afrutada y el pachulí especiado de Indonesia. O con la de *L'Eau d'Issey* para mujer, también calificada de acuática, que dice: fragancia donde en sus notas de salida flota un dúo floral compuesto por loto y rosa, mientras en las notas de fondo, el lirio y buqué floral con cierto amaderamiento.

Todo esto nos remite a la misma tesitura que nos proponía su sabor: el mar es modelo; posee un olor, «marca» no registrada, que inspira algunos perfumes —como su sabor inspiraba algunos vinos—. Pero el mar huele a mar. Y la cuestión es: ¿cómo se consigue ese olor?

Si se lo preguntásemos a un experto en cosmética, nos respondería que empleásemos sustancias como el calone —que se asemejan a las feromonas producidas por algunas algas— y notas cítricas —los cítricos siguen siendo los grandes aliados de los perfumes acuáticos— y que, además, añadiésemos pepino, coco, lirio de agua, lluvia o té verde. Pero, aunque lo hiciéramos, simplemente podríamos llegar a afirmar que «se le parece», porque el mar posee un olor imposible de reproducir en un laboratorio: no huele solo a flores y plantas acuáticas, como el loto o el nenúfar, o, en términos químicos, a sulfato de dimetilo; su olor es más difícil de reproducir, aunque más fácilmente reconocible que sus abrazos.

El olor a mar es fresco, limpio, refrescante. Si a J. M. Serrat su *Mediterráneo* le olía a «una mujer perfumadita de brea», para mí *cualquier mar huele a libertad*. Lo digo no cuando lo olfateo con sospecha, sino cuando lo inspiro, cuando dejo que toda su brisa penetre en mis pulmones.

Porque si me permite volver a mi yo, si encontrarlo es reencontrarme, si llega a producir en mí efectos catárticos, entonces, con o sin brisa, me huele a libertad.

Esos efectos, los catárticos, son los que antiguamente producía la tragedia griega. Los espectadores asistían a ese espectáculo donde la historia era representada de tal manera que lograba producir en ellos los efectos de la mentira, del asesinato, de la traición... como si ellos mismos hubiesen mentido, matado o traicionado. De manera que regresaban a sus hogares con la afectividad reordenada y el ánimo renovado: sus sentimientos se habían reafirmado en el bien al haber experimentado –en carne ajena– la fealdad del mal. Esto es un efecto catártico. Algo muy parecido a lo que logra el olor a mar. Basta con percibirlo para iniciar un proceso... de renovación, de libertad.

Un olor que, quizá, se comprenda mejor al contrastarlo con el que se respira en los ambientes cerrados y cargados, en donde no hay libertad, ambientes que ahogan: donde residen el amor celoso, el amor controlador, el amor de pose o el reprimido. O esos donde no se genera suficiente confianza como para que el cariño salga a flote y se note. Libertad perdida por no saber amar. Todo lo contrario a lo que uno puede inspirar en el mar. Se entiende mejor entonces –y perdón por el *spoiler*– que Andy Dufresne en *Cadena perpetua* (Frank Darabont, 1994) desee acabar sus días junto al mar, en la playa de Zihuatanejo.

No hace falta embarcarse, basta pasear por la playa, los pies hundidos en la arena, las olas que los mojan sin llegar al borde del pantalón bien remangado, contemplar a un lado la línea del horizonte y al otro la arena, arriba el cielo despejado y respirar hondo: inspiras libertad, porque el paseo ha restado importancia a lo que te pesaba y agobiaba, la calma ha vuelto y te ha hecho recordar que puedes volver a intentarlo, ser de nuevo tú mismo. Esas nubes cargadas de miedo y dudas con las que llegaste se han disipado. Tus pulmones se han renovado. Has recobrado la confianza. Vuelves a ser libre. Has recuperado la apertura en el vivir. Vuelves a intentarlo, a darte. El mar es… catártico.

Pero esa catarsis marina se da de muchas otras maneras y en todas las dimensiones de la libertad –en su dimensión de ejercicio, de elección y como tarea–. De ejercicio: porque lo más contrario a una cárcel es el mar. De elección: porque puedes pasar del sólido al líquido y del líquido y el sólido al gaseoso –la brisa–. Porque puedes pasar de la tormenta a la calma, del frío al calor. Porque puedes saltar y sentarte, correr o contemplar, puedes comer o ayunar, rezar y tumbarte. Pero, sobre todo, como tarea, que es esa libertad para volver a recuperar tu yo auténtico allí donde lo dejaste, volver a sentir de dónde vienes y a dónde vas y, si fuese necesario, hacer borrón y cuenta nueva... como hacen las olas con los castillos de arena.

5. La vista: el todo en la parte

La tecnología surge con la idea de acelerar los procesos, de ayudarnos a trabajar más rápidamente, de hacernos más eficaces y, por tanto, de ahorrarnos tiempo –internet nos ha facilitado tantas cosas, sí...; pero nos ha robado la espera–. Miro a mi alrededor y me encuentro un ser humano mucho más presuroso y tenso que el de hace cincuenta años, un hombre que corre y corre, que no encuentra tiempo para encontrarse a sí mismo, que se agobia por cosas que hace medio siglo eran impensables. La tecnología ha hecho que podamos hacer más y más rápido, pero no necesariamente por ello somos más. Hemos olvidado que el trabajo, la eficacia y el rendimiento pertenecen al orden de la supervivencia;

el verdadero vivir comienza cuando no resulta necesario sobrevivir.

Lo que ahora me gustaría transmitirte es lo mismo que Auggie trataba de explicarle a su amigo Paul, en la película *Smoke* (Wayne Wang, 1995) el día que le invitó a su casa para contemplar la obra maestra de su vida: infinitud de álbumes de fotos llenos, aparentemente de la misma toma fotográfica, sacada a la misma hora de la mañana todos los días del año. Al ver que Paul pasaba rápidamente las hojas del álbum le interpeló:

—Nunca lo entenderás si no vas más despacio, amigo mío.

—¿Qué quieres decir?

—Quiero decir que vas demasiado deprisa. Apenas miras las fotos.

—Pero si todas son iguales.

—Son todas iguales, pero cada una es diferente de todas las demás. Tienes mañanas luminosas y mañanas sombrías... Tienes luz de verano y luz de otoño. Tienes días laborables y fines de semana.

Calma. Paz. Mira. Observa. Contempla. Goza. Porque lo mismo que a esas fotos le sucede al mar, siempre igual y siempre distinto. Y para percibir su espectacular diversidad, debes olvidar el reloj, el móvil y aprender a percibir, calibrar, ponderar, apreciar, descubrir, disfrutar. Un mirar que desemboca en contemplación. La obra maestra de una vida –el álbum de fotos de Paul– no puede apreciarse echándole un simple vistazo o consultando el móvil, la bolsa o el mercado de criptomonedas a cada minuto. Si logras superar el «pero aquí no pasa nada», te acercarás al «donde pasa todo».

Su azul, ese azul que transmite tranquilidad, seguridad, limpieza, profundidad, sabiduría y apertura, está mezclado con verdes, marrones y blancos según la profundidad y el mar de que se trate. Confesaba Pío Baroja en *Las inquietudes de Santhi Andía*: «¡Cuántas horas habré pasado en la hamaca contemplando el mar, claro o tempestuoso, verde o azul, rojo en el crepúsculo, plateado a la luz de la luna y lleno de misterio bajo el cielo cuajado de estrellas!».

El agua es incolora cuando es pura, pero la del mar lleva partículas en suspensión. Su color inicialmente azul puede variar, al menos, debido a la luz –hora del día, días claros o nubosos, estación del año, sitio, etc. –, al viento –no transmite un mismo color el mar encrespado que en calma–, si se trata de la orilla o de alta mar, por el número de partículas y su limpieza –no trans miten un mismo color un mar transparente que un mar revuelto–. Además, ¿qué azul? Los pintores intentan plasmarlo empleando tonos como el azul egipcio, el de Ultramar, el de montaña, el de Prusia, etc. Hablamos de azul marino, oscuro, celeste, verdoso, etc. Porque al contemplarlo puedes distinguir blancos, amarillos, ocres, violetas, verdes, etc.

Olfato, gusto, oído, tacto..., pero para poder apreciar la diversidad, lo esencial es la vista. Uno no puede pintar lo que primero no ha visto. Sin ella, el alma se empobrece, el mar no es mar.

Su espectáculo no es el mismo al amanecer que a la hora de la puesta de sol; en calma, como en una piscina o lago, que agitado por el viento y la lluvia; en alta mar o en sus costas; desde una embarcación o desde tierra; etc.

Para apreciar sus diversas tonalidades, es necesario convertirlo en puro don y quien lo contempla, hacerse pura receptividad; fomentar el dejarse poseer por él, sin más pretensiones, con calma. No todo debe ser «para ya» o, mejor, para ayer. Sin espera no cabe la fidelidad, cabe la impaciencia y la depresión, el estrés y la angustia. Las prisas forman personalidades débiles que solo buscan el rendimiento, lo práctico y eficaz. La contemplación, por el contrario, confiere temple, permite que lo observado me diga, hasta llegar a distinguir… sus diferentes tonos. Me enamora.

Hoy es 9 de diciembre. Me he levantado temprano con la idea de ver salir el sol sobre él y, si mis ojos pudieran hablar, te contarían que, desde la terraza donde lo contemplo, todavía predomina la oscuridad de la noche cuando, en el horizonte, comienza a aparecer, casi de repente, una fina línea anaranjada que, por arriba, va poco a poco dejando paso a un amarillo intenso. En el cielo, todavía oscuro, se distingue la luna y, muy cerca, un par de estrellas; las únicas luces que, junto con las de las casas, rodeaban la costa.

Todavía no se ve el sol, pero su amarillo va desplegándose como una alfombra a lo largo del horizonte y, por su borde superior, aparece un ligero tono rojizo. El mar reclama su claridad y el cielo también. Se entabla entonces un duelo de azules donde, por momentos, el amarillo del horizonte va adquiriendo más protagonismo, ocupando una franja cada vez más ancha, y restando así intensidad al rojo que, poco a poco, va transformándose en rosa. Antes de que el agua nos muestre su azul, me parece gris. Levanto la vista y contemplo unas nubes finas que aparecen, como de repente, detrás del amarillo, son rosadas.

Y ya está. Ya lo veo. Es como un enorme foco que, lentamente, va ascendiendo alumbrándolo todo, imponiéndose con calma y elegancia, con fuerza, sobre el resto de las tonalidades. Es el sol recién levantado, intenso pero calmo, que va contagiando su amarillo a todo.

Completamente redondo se ha desprendido del mar. El cielo ha recuperado su azul, pero, por encima de él, justo en la línea del horizonte, ha aparecido una gran franja de rojo pálido. Es como un sándwich: ese rojo pálido y el amarillo hacen de panes y, en medio de los dos, el azul del cielo peleando por ocuparlo todo. El espectáculo es grandioso. Dura unos instantes.

Tras unos segundos, el cielo aparece ya despejado. Los amarillos, anaranjados y rojos han abandonado la pista. La línea del horizonte es nítida y separa los dos tonos de azul: el del cielo y el del mar. Y el sol sigue elevándose hacia el cielo para alumbrar y calentar un día más esas aguas y el resto de la tierra, a ti y a mí.

Este amanecer no será el mismo en cada mar del mundo, ni en cada estación, ni en cada día del año, ni desde cada terraza; como las fotografías de Paul...

Los teólogos suelen referirse a la contemplación como una actividad visual pero que, al mismo tiempo, es amorosa. Para describirla, las palabras resultan insuficientes. Ya no se discurre, se mira, en un mirar que es gozo indescriptible. Así, por la vista, llegamos más lejos que por los caminos de la razón, porque el ojo, de alguna manera, descubre en la parte el todo, por eso –parafraseando de nuevo a B. Pascal– descubrimos razones que solo el corazón entiende. Y con la vista de mi corazón veo todo esto, pero mucho más: lo que paso a contarte en el próximo capítulo.

Lo haré a través de cinco realidades que hacen del mar algo único y grandioso. Lo leído hasta el momento es solo una parte de lo que se puede ver contemplándolo; el mar esconde mucho más. Cada una de estas realidades es como un destello único del mismo diamante –como ocurre con cada partícula de la Eucaristía–; cada una, sin perder su unicidad, nos regala plenitud. Cinco intentos de mostrar lo inabarcable: *cada uno, reflejo del todo.* Algunas de estas realidades se conectan *directamente* entre ellas: la niñez y la maternidad, lo lúdico y el tiempo, etc. Pero, *indirectamente*, todas están unidas, como buscando su origen y su fin, su Alfa y Omega, como queriendo mostrarnos a Dios.

Segunda parte
EL MAR Y SUS SUGERENCIAS

Nos sumergimos a más profundidad. Hemos pasado de los sentidos externos a los internos y ha llegado el momento de describir, completando el sentido de la vista, todo aquello que el mar nos transmite cuando se le mira con el corazón. De «sugerencias» he calificado estas realidades, más que de signos, imperceptibles a los ojos, pero visibles en el interior; «sugerencias» que están ahí, porque siempre han estado. A través de ellas, el mar nos abrirá parte de esos tesoros escondidos, ligados a nuestro yo, que siempre ha custodiado.

Pero adentrarse a más profundidad es ir penetrando en la oscuridad, algo que siempre impone. Porque al mirar la superficie ya no ves esa tenue luz que orienta y marca la salida. Y perdida la luz, pierdes parcialmente la referencia, y renuncias a la seguridad que te proporcionaba el calcular qué distancia te separaba del aire libre. Y es que muchas veces el bajar, como el perder, el caer o el volver atrás, que diría C. S. Lewis, «es la manera más rápida de seguir adelante». Porque si nunca bajásemos, si no fuésemos hacia el fondo y nos viéramos débiles, sin norte ni luz, jamás podríamos suplicar: «ven, sé Tú mi luz»; ni llegaríamos a vislumbrar el abismo desde el que nos es preciso gritar hacia Dios; jamás adivinaríamos por qué secretos caminos Dios nos enseña a echarnos en sus brazos, a cambiar nuestro yo por el Suyo. Quizá por eso, J. Maritain en *El campesino del Garona* aseguraba que «hay una forma de redimir el mundo y de sufrir, que no es accesible sino a los pecadores».

En el seno mismo del aparente abandono de Dios, Él actúa: «¿cómo no ver que Dios nos trabaja sin cesar? Nuestro drama no se desarrolla casi nunca en el plano que nosotros creemos y, a veces, no nos es dado comprender de él más que un aspecto fugaz y lamentablemente incompleto. Hasta la muerte, seguimos siendo misteriosos para nosotros mismos, somos frente a nosotros mismos como desconocidos que se miran y no se comprenden», decía J. Green.

Cada una de estas «sugerencias», a medida que bajemos, irá introduciéndonos en nuestro misterio. *No son realidades que trato de aplicar al mar; salen de él.* No son algo artificial, superficial, sino algo escondido en sus entrañas. Son como la llave que permite abrir los cofres de esos tesoros y contemplar parte de su gran riqueza.

Todas le confieren una visión única, pero la fuerza que las une con el mar depende de la propia experiencia personal. Su ligamen en algunos casos será cadena de hierro forjada; en otros, simple y frágil hilo. Pero cada una tiene mucho de mar que decirnos, mucho de cada uno de nosotros.

1. La mar y la maternidad

Al referirnos antes al sentido del tacto, hablamos del abrazo marino como de un abrazo materno. Ahora damos un paso más al afirmar que *el mar es madre.* Escribía M. Madieri en *Verde agua*: «algunas veces me siento incómoda en el papel de madre; me siento inepta, me parece que educo de forma descuidada, que hablo poco, que dejo escapar en vano estos preciosos años y días de convivencia con mis hijos, ya tan mayores. Los miro y los encuentro amables y guapos y pienso en el vacío que dejarán en mi casa cuando se vayan. Los miro y me parecen aún indefensos y quisiera poder asumir la carga de dolor que la vida les reserva, a ellos como a todos. De algún modo, me siento responsable de su felicidad y me pregunto si han recibido las armas y los instrumentos necesarios para hacer elecciones conscientes, para ser aguerridos en las pruebas, fuertes en las desilusiones, generosos en el éxito, para amar y vivir en el significado».

Y es que el mar, al igual que una madre, siempre estará ahí, pendiente de que no perdamos el significado de la vida. Por muchos años que tengamos, nos esperará siempre en vela. No importa que nos alejemos físicamente de él, que nuestros encuentros sean muy esporádicos; una madre −como el mar− nunca acaba de soltarnos. Y siempre estará ahí invitándonos con su simple presencia a no perder nunca de vista lo que realmente somos, ¡hijos! −el significado de la vida−, y de dónde venimos. No somos lo que podemos, ni lo que sabemos, ni lo que logramos, ni lo que tenemos, somos sencilla y grandiosamente ¡hijos! Sus hijos. *Amar y vivir en el significado de hijos..., es entonces cuando todo adquiere sentido*. ¡Bendita Madre! ¡Bendita filiación!

El mar te abraza en todo tu ser no porque eres bueno o listo, sino porque eres fruto de sus entrañas. «Tú, Señor, me sacaste del seno materno, me confiaste al regazo de mi madre; a ti fui entregado desde mi nacimiento, desde el seno de mi madre, tú eres mi Dios» (*Sal* 22, 10-11). No estamos solamente en su regazo, ¡estamos en su vientre! La relación materna nunca corta del todo ese invisible cordón umbilical. Cuando Jesús le aconseja a Nicodemo lo de volver a entrar en el seno materno, ¿no podría sonar a imposible o absurdo? Pero a Jesús, como comenta Hans U. von Balthasar en *Si no os hacéis como niños*, no le sonaba así porque Él nunca dejó de ser niño; y nunca dejó de ser niño porque nunca abandonó el seno de su Padre: es ahí donde radicaba su seguridad más plena.

Un adulto sabe que tiene madre y la respeta, le guarda gratitud y le manifiesta cariño a su manera, pero suele –si puede– hacer una vida independiente. También un bebé podría hacerlo: cambiaría la alimentación, pero podría vivir sin madre. Quien no puede es el concebido todavía no nacido, él no es que viva *por* ella –cuidándola en su vejez– o de *ella* –de su dinero–, sino *en* ella. Una madre no puede dejar de verme como niño en su seno, pese a ser ya un brillante hombre de negocios…

El mar es madre porque acoge. Siempre acoge. Decía L. Polo que, a la hora de formar a los hijos, al padre le va más el juego, educar en lo lúdico, mientras a la madre le corresponde la serenidad. El padre enseña las reglas de conducta, forma en el ganar y perder; mientras a la madre le pega más el ser lugar de acogida, lugar seguro y próximo. Y el mar, al igual que una madre buena, nunca te rechaza. Desea acogerte y, para ello, espera lo que haga falta —al siguiente verano, si fuese necesario—. Siempre ahí, disponible y, cuando desees, volverá a recibirte con los brazos abiertos. ¡Cómo espera la madre la llamada de su hijo! Cómo espera que sane, que cambie, que crezca, que crea, que vuelva «al buen camino», que no deje de vivir «en el significado»... Ella espera como nadie, con amor y confianza, porque sabe de dónde venimos y quiénes en realidad somos: vida de su vida.

Y, como madre, te besa... ¿Has contemplado cómo las olas besan la orilla de la playa? Soy arena que absorbe toda el agua que me traes. Soy castillo de arena que se derrumba con la primera ola que me alcanza. Castillos de arena que recuerdan cómo se mitigan mis problemas... cada vez que me besas.

En italiano existe un término para describir esta acción: «bagnasciuga». Una palabra compuesta por «bañar» y «secar». Lo que hacen las olas al romper en la orilla, la humedecen, bañan con su entrada la arena para, acto seguido, secarla con su retirada: besarla.

Pero también recordábamos la maternidad al referirnos al oído: el primer «te amo», como ningún otro después, fue el de la madre. Incluso antes de que mis ojos la viesen por primera vez, ella ya me lo había repetido muchas. Un «te amo» verdadero, nuevo, pleno, dicho con todo el ser, que lo hace distinto del resto. Un «te amo» por ser hijo, antes de que fuésemos listos y guapos, tontos o feos. Palabras incondicionales, como el verdadero amor; palabras que te mecen, acunan y duermen. Nanas de cariño. Porque, al igual que una madre enseña a hablar a su hijo hablándole como si la entendiera, así la mar me repite una y otra vez «te amo», «te amo», «te amo», sin importarle que la oiga.

En fin, el mar es maternidad porque su sola presencia es un espectáculo extraordinario. Para ser grande no tiene nada más que presentarse como madre, esa es la mejor de sus credenciales, la tarjeta de visita que abre todas las puertas –incluida, dicen, las del Cielo.

Era el día del estreno de la ópera. Para la ocasión, la dirección había contratado a una soprano archifamosa. Pero, cuando el público abarrotó la sala, el director salió a disculparse:

la estrella estaba enferma y sería sustituida por otra. El público se enfadó y empezó al silbar... La representación concluyó sin pena ni gloria, a pesar de la excelente calidad de la soprano y de su esfuerzo por agradar al público. Al final, unos pocos aplausos aquí y allá y un silencio algo tenso mientras la sustituta se despedía. Pero, de pronto, de entre los palcos, una voz infantil gritó: «¡Mamá, eres maravillosa!» y se escuchó un aplauso que contenía toda su alma. La gente, al principio, pareció asombrada, luego, sin embargo, empezó a levantarse y acompañar el aplauso. La frase de la niña, que les recordó el valor de la maternidad, no solo había dinamitado los residuos de rencor producidos por la imprevista sustitución, sino que abrió sus corazones para que pudiesen valorar la calidad de la actuación... y el mar inundó sus almas.

Las madres son heroicas sin necesidad de saber cantar ópera, lo son en su cotidianidad, sin necesidad de nada espectacular, sin nada llamativo. Ellas son lo extraordinario y con su mera presencia hacen extraordinario lo que tocan, el aire que respiramos. Madre es la que realmente no es feliz sin compartir, sin dar, como el mar: siempre abierto, esperando, compartiendo una ola tras otra, sin cesar. Madre es, sobre todo, la que hace hogar. Por eso en la mar me siento como en casa. *Home sweet home*: hogar, dulce mar.

«Que es mi barco mi tesoro,
que es mi dios la libertad,
mi ley, la fuerza y el viento,
mi única patria, la mar».

(J. de Espronceda, *Canción del pirata*)

Porque lo importante no es la cantidad de puertos visitados en los que hemos logrado atracar, sino saber en cuál de ellos está nuestro verdadero hogar. Y, como cantaba J. L. Perales, hacer de nuestra barca, de nuestra casa, un altar.

2. El mar y la niñez

La mayor puerilidad es negar que somos niños. Te contemplo y me veo niño. Niño donde jugaba, donde reía, donde nadaba y me bañaba. Una infancia que he mantenido hasta hoy y que sigue latente en la profundidad de mis penas y en los motivos de mi alegría. Todavía acurrucada junto al olor de ese postre de la abuela, dormida sobre la almohada en espera del Ratoncito Pérez. Porque si le pregunto al mar quién soy, me responde, como diría P. Kreeft: un niño jugando con las olas de la vida.

Y ese niño que nunca dejamos de ser revive cada vez que nos acercamos a la costa. Ante ella, nuestro ser empequeñece –algo necesario para que alcance su plenitud–. Porque, según Ch. Moeller: «el hombre no llega nunca a hacerse tanto daño como quisiera. Esta zona profunda, esta materia tierna e infantil que forma el tejido más secreto de nuestro ser, esta infancia sepultada en nosotros, más allá del tiempo, ninguno de nuestros pecados puede destruirla por completo mientras exista un último fulgor de vida. Este santuario inmaculado es la imagen de Dios en nosotros», ese niño que estamos llamados a revivir. Es necesario volver a ser niño, reencontrarse.

La madurez espiritual consiste el volver a hacerse como niños. El consejo de Jesús «si no os hacéis como niños» no es solo para poder gozar de un Cielo, sino para disfrutarlo ya. Y el mar no solo nos recuerda esta gran verdad, sino que acelera su proceso: cada vez que te asomas a él, revive ese niño que hay en ti. Todas las casas deberían tener vistas al mar…

El personaje Martin Eden (Pietro Marcello, 2019) creado por Jack London acaba su existencia entrando en el mar, vestido y caminando lentamente –otra vez *spoiler*–. Porque su ajetreada vida añoraba su yo más auténtico, quién era en realidad: un marinero. Los barcos y la pesca habían sido su vida en la juventud, pero las muchas lecturas y el llegar a convertirse en un escritor y conferenciante de éxito habían dejado a un lado su niñez. Al principio, analfabetismo y pobreza le separaron de su único y verdadero amor, Elena, culta y rica, proveniente de una familia de abolengo; pero su tenacidad y constancia le proporcionarán luego la fama y el éxito. Un éxito que, sin su Elena, le deja cada vez más vacío. Él mismo se lo confesará cuando ella intente volver a su lado: no puede ya hacerlo, ha vivido demasiado intensamente, la vida le resulta insípida. Por eso acaba caminando hacia lo profundo, hacia lo que siempre le había dado sabor, hacia el mar, en un último intento de volver a ser ese niño que fue –aquí el *spoiler* ha sido total.

Contemplando el mar podremos hallar esa alma que los escritores y pintores de la Edad Media representaban en forma de niño pequeño. Sentir de nuevo esa única realidad intacta ante las derrotas y fracasos de la vida. Porque ese niño es la partícula, la chispa de Dios en nuestro ser. ¡Ah!... Si le diésemos el tiempo necesario, ¡el mar nos convertiría a todos en niños!

Ser como niños es toda una escuela de espiritualidad. Ese niño que, pese a la avanzada edad, seguimos siendo. Ese niño que logra ver todo en función del mejor de los padres: mi padre siempre tiene el mejor coche, es el más listo, tiene un trabajo mejor que el tuyo y, aunque me da esa medicina que sabe a rayos, si él me dice que me curará... la tomo.

La vida de los niños no está sujeta al avance de las manecillas del reloj. No vive pendiente de las respuestas de WhatsApp como si en ellas le fuese la vida. No mira una y otra vez la hora porque en su muñeca no hay reloj. Como en alta mar, es otro, el sol, quien sugiere la hora. Y cuando le dicen «nos vamos», se levanta; cuando «a la cama», descansa (si no es que ya se ha dormido). Sabe adaptarse a las palabras como el agua a las orillas. Sabe obedecer. No ha olvidado lo esencial: ¡es una criatura que no se ha dado a sí misma el ser! Y, aunque a veces las olas traten de saltarse los límites e invadan aceras y carreteras, como esas criaturas con sus travesuras, acaban volviendo a su sitio.

Por eso los niños viven solo el presente. Lo agotan, se agotan... —nos agotan—. No se reservan fuerzas para luego. Juegan, lo dan todo. Este es el secreto del hermano que en la película *Gattaca* –Andrew Niccol, 1997– siempre gana la apuesta de nadar más lejos y regresar con vida a la orilla –esta vez, el *spoiler* es menor.

Los niños consideran el futuro como tema del que hablan los mayores y se asombran; no dejan de hacerlo, ya que su densidad de presente les permite vivir todo como si fuese la primera vez. Viven estrenando, estrenándose. Y, como sus memorias no funcionan todavía como un disco duro imperdonable, ni conservan balas en las recámaras de su mente, son capaces de disfrutar más, de ver la realidad como una eterna primavera. Y es que, a medida que pasan los años, la experiencia, sobre todo la mala, puede reducir nuestra capacidad de asombrarnos y hacer que vivamos como quien masca un chicle que hace tiempo ha perdido sabor. Hacerse niños es cambiar, volver a abrirse y caer. Porque arriesgamos, porque seguimos concediendo oportunidades, la vida sigue manteniendo su sabor.

Volver al mar es volver a ese niño *que vive en la órbita de la necesidad* para casi todo. El niño ni se ve ni se siente autosuficiente. La autosuficiencia, desde el principio, está reñida con la trascendencia. Para abrirse a lo trascendente, es preciso mirarse en el espejo de la verdad –no en el de la vanidad–, verse necesitado, renunciar al control sobre la vida –siempre limitada– y admitir que nuestras mejores obras son palotes de niño trazados con torpeza e inseguridad, guiados por otra mano que vela.

Volver a ser niño es volver a ser auténticos. Arrancarnos las caretas de "el qué dirán", del aparentar, de la pose, de la mejor foto –sin retoques–, y volver a jugar en el campo de la sencillez y la naturalidad. El niño vive en la verdad, llama a las cosas por su nombre y, al final, acaba reconociendo que fue él quien rompió el jarrón.

Con protestas y caprichos... como las olas. Imprevisibles, aparentemente incontrolables: estalla la tormenta. Y lloros y pataleos, como ruge el viento en la tempestad, para luego volver a la calma. Un niño, por ese vivir en presente, no prolonga mucho sus rabietas y sus lloros. Sus quejas, como las del mar, son agua pasada. Sus perdones olvidados en el cuarto de los juegos.

Y juegan. Sobre todo, juegan. Todo, si pueden, lo convierten en juego. En la playa no necesitan más que arena, agua para refrescarse, olas para chapotear... y buscar conchas inútiles para luego tirar. La actividad del niño es el «para nada». La verdadera felicidad mora en lo inútil, en lo superfluo, en el juego. El mar es uno de sus patios favoritos de recreo... «Quizá porque mi niñez sigue jugando en tu playa»... Ojalá...; sí, ¡menos mal que sigue jugando en tu playa!

3. El mar y lo lúdico

La pesca me recuerda la paciencia. El surf, la adrenalina. El buceo, la curiosidad. La navegación, la contemplación. Y es que el mar ofrece muchas maneras de jugar: desde los deportes un poco más sofisticados, como la vela, el surf, el piragüismo, las motos de agua, el *body* o el *paddle* surf, hasta ese coger conchas, buscar cangrejos, hacer castillos en la arena o un hueco lo suficientemente profundo como para enterrarse... con la cabeza fuera.

La arena es como la plastilina que nos ofrece un sinfín de posibilidades, aunque la construcción clásica siga siendo ese castillo calculado a la suficiente distancia de la orilla como para que nos dé tiempo de ver cómo, poco a poco, la marea que sube lo va deshaciendo. Las olas golpean los muros, van llenando caminos y fosos, erosionando los torreones que, lentamente, acaban volviendo al suelo que los vio nacer. Todo se desmorona. Como la vida misma... Es el juego de lo efímero y, sin embargo, ¡cómo añoro esos castillos de arena inútiles que no cotizan en bolsa y nos salvan la vida!

Porque el mar me sugiere que la vida no va de ganar, de conseguir, de producir más y más, que puedo perder y equivocarme porque tengo crédito ilimitado en el amor. Fue el mismo descubrimiento que hizo aquel general durante una opípara cena en la obra de K. Blixen, *El festín de Babette*, y que trató de describir con estas palabras: «el hombre, amigos míos, es frágil y estúpido. Se nos ha dicho que la gracia hay que encontrarla en el universo. Pero, en nuestra miopía y estupidez humana, imaginamos que la gracia es limitada. Por esta razón temblamos. Temblamos antes de hacer nuestra elección en la vida; y después de haberla hecho, seguimos temblando por temor a haber elegido mal. Pero llega el momento en que se abren nuestros ojos, y vemos y comprendemos que la gracia es infinita. La gracia, amigos míos, no exige nada de nosotros, sino que la esperemos con confianza y la reconozcamos con gratitud. ¡Mirad! Aquello que hemos elegido se nos da; y aquello que hemos rechazado se nos concede también y al mismo tiempo. Sí, aquello que rechazamos es derramado sobre nosotros en abundancia. ¡Pues se han abrazado la misericordia y la verdad, y la rectitud y la dicha se han besado!». La gracia y la belleza tienen su morada lejos del esfuerzo consciente.

No entendemos al general, no sintonizamos con sus palabras, cuando somos mezquinos y calculadores, rácanos y previsores, cuando pensamos que logramos y que sabemos ya lo suficiente, entonces no escuchamos al mar, a ese mar que no deja de decirnos que lo que logramos en esta vida no es más que un *Lego*, un juego de niños, un castillo de arena a punto de ser tirado por la ola. Lo único que realmente permanece y vale, porque es lo único que se nos pide y donde radica el verdadero triunfo, es amar. *Todo lo que en esta vida no se ama es tiempo perdido, castillo a punto de ser derruido por las olas.*

Decía M. Nussbaum que «el juego y la diversión no son meros aditamentos o suplementos de la vida humana, sino paradigmas para encarar los elementos centrales de la vida». El juego nos salva, permite restarle importancia a lo importante. Sostenía G. K. Chesterton en *Ortodoxia* que «los ángeles vuelan porque se toman a sí mismos a la ligera», porque saben que la seguridad de sus vidas no radica en sí mismos, es Otro quien tiene la sartén por el mango. Y, restando importancia a lo importante, el mar es juego que nos renueva para volver a sumergirnos de nuevo en la seriedad y encarar esos elementos centrales de la vida.

Necesitamos de lo superfluo. Nunca he comprendido la vida en términos de necesidad porque nada de lo que contemplo me parece necesario, ni yo mismo. Tampoco era necesario que transcurrieran millones de años desde la creación de la primera célula hasta que esta fue habitada por el primer *sapiens sapiens* —¿quién disfrutaba mientras del mundo totalmente virgen?—, ni que el mar llegase hasta aquí o hasta allá, que su costa fuese más ancha o estrecha, que hubiese una playa más o menos, que fuera más o menos profundo, que sus alrededores tuviesen o no palmeras. No comprendo ni me comprendo en términos estrictamente necesarios, como no comprendo la mar. *Somos seres para quienes lo abundante es lo necesario.* Quizá por eso mismo, W. Shakespeare ponía en labios del *Rey Lear:* «¡Oh!, ¡no razones sobre la necesidad! Hasta nuestros mendigos más miserables tienen en su indigencia algo superfluo. Deja a la persona estrictamente con lo necesario, y su vida descenderá a un nivel más bajo que el de las bestias». ¡Gracias por lo superfluo que no es suplemento dominical ni vital, sino pura necesidad! ¡Gracias por el mar y todos sus tesoros! ¡Qué superflua riqueza!

Y entre lo superfluo más necesario se encuentra lo lúdico, el juego. Cuando lo ejercitamos, volvemos a ser niños. Es cierto que, como dice el refrán, «en la mesa y en el juego se descubre al caballero», pero también que quien juega no pierde nunca de vista su niñez. Cuando un padre juega con sus hijos, ya hemos visto que es tarea más paterna que materna, enseña a los suyos a madurar, a ser caballeros, a no hacer trampas, a saber ganar y perder. Algo fundamental, sobre todo si tenemos en cuenta lo que decía J. Billings, que «la vida no consiste en tener buenas cartas, sino en jugar bien las que uno tiene».

Asombra todavía ver vibrar a jóvenes y no tan jóvenes cuando compite su equipo de fútbol, básquet, béisbol, rugby, etc. ¡Cómo se ponen! Sus ojos desprenden pasión. Los nervios, las esperas, porque llegan a los estadios o a la pantalla con tiempo de sobra... –¡otra vez lo superfluo!–, los insultos, los enfados que, a veces, van a más. Me pongo esta camiseta, yo llevo la bufanda... Las victorias, si se trata de competiciones internacionales, logran dar unidad a la nación más que cualquier arenga política. Por el contrario, las derrotas se convierten en bajones que olvidan lo esencial: esos jugadores que uno adora y a los que dedica tanto tiempo, ni nos conocen ni les importamos. Para ellos somos completos desconocidos, ninguno nos ayudará a pagar la hipoteca... Aunque si alguno se animase al leer esto... Son los nuevos gladiadores en este nuevo circo de mundo.

Uno de los mejores baloncestistas de la historia, L. Bird, declaró en una ocasión: «una de las cosas que siempre me ha asombrado del baloncesto es que, si piensas en ello, ves realmente que es un juego estúpido: tratas de introducir una pelota en un pequeño aro. Pienso en la cantidad de horas que he gastado haciendo eso y todavía no puedo creerlo». A la luz de sus palabras se desvelan ridículos esos cambios de humor y estériles tantas «deportivas» y acaloradas discusiones. Y, ya se sabe, cada época de la historia creará sus nuevos gladiadores: siempre *necesitados* de «pan y circo».

El mar nos invita a jugar a la vez que nos recuerda la necesidad de restar importancia a tantas cosas. Y en jugar, en participar –que no en ganar–, se nos va la vida. Dios juega con nosotros cada día. Y disfruta viéndonos nadar, zambullirnos y coger olas inútiles en las orillas de sus playas.

4. El mar y el tiempo

Un día junto al mar es como un resumen de toda la vida, como verla pasar a cámara rápida: desde que sale el sol hasta el ocaso. Algunos llevan esta idea hasta tal punto que deciden echar sus cenizas al mar. «Nuestras vidas son los ríos que van a dar en la mar», decía J. Manrique. ¿Por qué, si no, querría uno enterrarse entre la playa y el cielo? –cfr. *Mediterráneo*, J. M. Serrat–. Pero la vida tiene su lógica porque tiene sus etapas...

En la *infancia*, como hemos visto, el tiempo nada nos decía, no contaba, no caíamos en él. Resulta raro oír decir a un niño que ha perdido el tiempo. Vivíamos en presente continuo. Por eso, nuestra existencia transcurría pacífica y lentamente. El niño ni tiene prisas ni pasado –no es consciente de él; sus rabietas pasan– y del futuro ya se ocupan los mayores: se siente protegido, seguro, arropado. No le da miedo lo que vendrá después porque... ni se lo imagina. Solo tiene que dejar hacer, dejarse llevar y confiar, otros son los que piensan y planean por él.

Es en la *juventud* donde comenzamos a notar el paso del tiempo. Los cambios corpóreos... Las manivelas del reloj, si bien todavía lentamente, empiezan a moverse. Iniciamos entonces el viaje consciente del tiempo sin retorno. Uno cae en la cuenta de la infancia dejada –antes quería dejarla atrás cuanto antes; ahora... no tanto– y contempla toda una vida por delante. Todo es visto como posibilidad, como deseo, todo está por hacer. Son los años compartidos más intensamente con las ilusiones y el entusiasmo.

Llega la *madurez* cuando uno ha tomado conciencia de sus límites, de sus fuerzas, cuando esos deseos e ilusiones han sido probados, enfrentados con la realidad. Como diría R. Yepes: «un hombre y una mujer son maduros si están convencidos de aquello que aman, hacen y deciden. La madurez es haber experimentado la distancia que va del ideal a su realización práctica y no renunciar a cubrirla una y otra vez».

Uno ha querido triunfar y ha llegado hasta... aquí. Le hubiera gustado, pero ha combatido por ser uno mismo frente a lo que el mundo le ofrecía, ha surfeado las modas y lo pasajero, ha enfrentado la injusticia. Unas veces ha vencido; otras, no. Ha quedado tocado, herido. Y ese tiempo que siempre parecía poco, porque los deseos lo superaban, empieza a ser valorado ya de otra manera.

Ahora sonríe mientras contempla sus cicatrices. El tiempo comienza a saber a buen vino. Ha corrido lo que ha podido y está empezando a volver. La madurez nos hace comprender que la vida no tiene forma de carrera, sino de búsqueda, de una búsqueda interminable del seno materno, de volver una y otra vez al centro de la diana, a lo esencial: amar. Ahora ya más centrados, sin distracciones ni dispersiones.

Si la madurez llegaba con la toma de conciencia de los límites, la *ancianidad* lo hace cuando uno cae en la cuenta de que, de verdad, todo se acaba y el final no está ya tan lejos. Comienza la cuenta atrás. Antes o después, a todos nos ha de llegar el relevo generacional, «la cresta de la ola que se estrella espumosa en la playa empujada por la ola que nace», decía A. Polaino. Y todo empieza a ser más serio. Los cambios son menos posibles. La experiencia pesa más.

Así la describía S. Marai en *El último encuentro*: «un día te despiertas y te frotas los ojos, y ya no sabes para qué te has despertado. Lo que el nuevo día traiga, ya lo conoces de antemano: la primavera, el invierno, los paisajes, el clima, el orden de la vida. Ya no puede ocurrirte nada imprevisto: no te sorprende ni lo inesperado, ni lo inusual, ni siquiera lo horrendo, porque ya conoces todas las posibilidades, ya lo tienes todo visto y calculado, ya no esperas nada, ni lo bueno ni lo malo... y esto precisamente es la vejez».

La mejora se transforma entonces en un permanecer. Se agradece la rutina y la calma que antes aburrían y con las que no se sabía qué hacer. El tiempo se hace de nuevo lento, más denso. Y el verdadero yo, nos guste o no al mirarnos al espejo, es lo que hay. Así hemos vivido, así nos hemos hecho. Este es el rostro que tenemos, la sonrisa que merecemos. Aceptarse se convierte entonces en tarea fundamental que, por momentos, no resulta fácil. Saber integrar la experiencia, el pasado. Vejez y niñez se encuentran y abrazan. La necesidad física de depender de los demás por una enfermedad puede presentársenos como la última oportunidad de quemar cualquier resquicio de autosuficiencia y volver a reconocernos como criaturas. ¡Cuánta verdad encierran entonces estas palabras de V. Forrester: «ser hombre es aprender a perderlo todo»! Y uno piensa en lo que fue, en lo que pudo e hizo, y se ve… Y sigue viviendo, no ya de lo que pudo y logró, sino de lo que está a punto de saborear, porque lo mejor está todavía por llegar. Espera un poco, un poquito más…

Recorrer cada una de estas etapas produce cansancio. Los hechos se valoran cada vez más alejados de la situación que les dio origen: ya no se recuerda el entusiasmo e ilusión de los comienzos, el ímpetu y el ánimo que acompañaba cada nueva iniciativa. ¡Con lo que a uno le gustaba estrenar cosas!

Pero uno cree en la promesa del Resucitado: el que hace nuevas todas las cosas (cfr. *Ap* 21, 5). Dios ha querido que ese niño, nuestro «yo» original, no se difumine, no se pierda para siempre. Para Él siempre seremos niños. Y lo hace a través del amor: es propio de la situación del enamorado encontrarse en la situación del inicio. El enamorado es siempre joven, permanece unido al principio, radicado en lo vital. Para quien ama, el reloj se para, el tiempo es eterno. Viejo, sin embargo, es quien no soporta la lentitud con que todo transcurre, quien escudriña y envidia a los jóvenes. Siempre que tenemos una actitud de curiosidad con lo que hacen otros, siempre que sentimos el zarpazo del agravio comparativo —porque nos sentimos impulsados a comparar nuestra situación o nuestro coche o nuestro trabajo—, no estamos enamorados, no vivimos en presente, en el ámbito de la eternidad y... perdemos juventud. Porque cuando habitamos en la eternidad, todo lo de los demás nos parece estupendo, nadie nos quita ni añade nada. *La eternidad de estar en el principio nos hace invulnerables, eternamente jóvenes.*

Y Dios se sirve del mar para mantenernos jóvenes, para volver al inicio. El mar está siempre ahí evocándonos que el tiempo no puede matar nuestro niño interior; recordándonos ese primer amor, recién estrenado, descubierto, único: «te amo», «te amo», «te amo»... Y sugiriéndonos: «tú también puedes volver al inicio», volver allí donde lo dejaste, donde perdiste el camino. Todo está íntimamente unido a lo que le da su sentido radical, que es el amor: amar es la explicación cabal de lo que está aconteciendo, de lo que acontecerá, siempre en presente. El amor lo sostiene todo, lo vivifica, lo convoca y reúne, lo recompone las veces que haga falta.

«Te amo», «te amo», «te amo»... Pues cuando el amor irrumpe en el corazón, llega siempre como un alud, como primavera nueva, como mes de abril, como lluvia en verano, como agua fresca en el calor, como sombra en el camino, como una canción. «Te amo con la fuerza de los mares»... Su llegada es la llegada de la eternidad, de lo que está por encima del tiempo, de la eterna juventud. Nunca se lamenta por el retraso: las cosas serán prontas o tardías en referencia a ese amor. Por eso decía M. de Unamuno en *¡Adentro!*: «vive al día, en las olas del tiempo, pero asentado sobre tu roca viva, dentro del mar de la eternidad; el día en la eternidad, es la eternidad, es como debes vivir».

Frente al mar, el tiempo parece detenerse. Ya lo mencionaba E. Hemingway en *El viejo y el mar* refiriéndose al anciano: «todo en él era viejo, salvo sus ojos, que tenían el mismo color del mar y eran alegres e invictos». Y es que en el mar uno parece rejuvenecer, el tiempo es como si se detuviera, nunca se hace tarde ni temprano. Tras décadas, regreso a la playa de mi niñez y allí está, como la dejé, como cuando con el cubo y las manos y la pala empezaba a construir mi primer castillo. Es como O. Wilde describiendo el poder del cuadro en *El Retrato de Dorian Gray*. En esa tela, como en el mar, parecen conservarse los años; pero realmente donde el tiempo se detiene, en un eterno presente, es cuando lo compartimos con los demás por Dios o con Dios, el que alegra mi juventud.

5. El mar y lo trascendente

No te sorprendas. Si le preguntas a Google «¿qué es el mar en la filosofía?», obtendrás esta respuesta: «el mar es un camino abierto hacia lo desconocido, una invitación permanente a abrir nuestra mente a lo que siempre se encuentra más allá, en el inalcanzable horizonte geográfico o mental». Y es que, a medida que avanzo mar adentro, la línea del horizonte se va moviendo.

Me huye. Tiendo la mano sin llegar nunca a alcanzarla. Siempre está más allá... y lo mismo ocurre con la trascendencia. La busco sin llegar nunca a tocarla. La deseo sin llegar a aprehenderla, sin poder decir plenamente «mía», sin llegar a chocar esas cinco.

Quizá sea esa la razón por la cual C. S. Lew*is,* en *Tierras de penumbra*, afirmaba que «el gozo más intenso consiste no en tener, sino en desear. La delicia constante, la felicidad eterna, solo se experimenta cuando lo que más deseas no está a tu alcance». Y es que, en el fondo, solo vemos esa parte de infinito que nuestros ojos pueden soportar. T. S. Eliot lo sabía al advertirnos que no podemos soportar demasiada realidad... Ni realidad, ni verdad, que es lo mismo, ni trascendencia. Lo trascendente siempre se nos presenta troceado, se nos insinúa tras el amor de una madre, la sonrisa de un niño, una puesta de sol o, una vez más, jugando con las olas del mar.

Si miras fijamente al sol, te quedas ciego. Y lo mismo ocurre con Dios. Por eso, su juego favorito es el escondite; quiere que le descubramos en un tablero de casillas blancas y negras: este mundo, con sus magníficas bellezas y con sus bajezas más ruines; con santos y asesinos; con increíbles puestas de sol y maremotos; con luces y sombras... con tantas contradicciones dentro de nosotros, como veíamos. La claridad total no es posible y, muchas veces, ni siquiera deseable. Es el juego del claroscuro de la fe. Y así explicaba B. Pascal sus reglas: siempre habrá «bastante luz para los que no desean sino ver y bastante oscuridad para los que tienen una disposición contraria». Somos libres. Libres de odiar y matar, pero también de amar. Libres para mantener ese rostro arisco y antipático o cambiarlo, en un instante, por una acogedora sonrisa, libres para servir o para someter. Y ese Dios nos ama, ama nuestra libertad, deja hacer y juega al escondite. Hay tantos caminos para llegar a Él como seres humanos, como errores, como recovecos en el camino, como arena en la playa. Por eso J. Guitton decía que «el Dios cristiano es discreto. Ha puesto una apariencia de probabilidad en las dudas que se refieren a su existencia. Se ha rodeado de sombras para hacer que la fe sea meritoria y, sin duda, también para tener derecho de perdonar nuestro rechazo. Hacía falta que la solución contraria a la fe conservase verosimilitud, para dejar completa libertad de acción a su misericordia».

En el film *Big Fish* –Tim Burton, 2003–, un pez hace de hilo conductor, está al principio y al final de la narración –no es *spoiler*–. El padre, Edward Bloom, siempre ha contado historias increíbles que su hijo Will se creía cuando era niño, pero ya no. Y pretende que su padre, un magnífico narrador, le diga la verdad, confiese que son inventadas..., pero Edward no lo hace. Will al principio no lo acepta y se distancia de él, pero lo acabará aceptando como es, *con el grado de claroscuro que su padre quiere conferir a cada historia*. Will tomará entonces el relevo generacional y escribirá también ese tipo de historias.

La historia es una metáfora de la propia relación paterno-filial vivida por Burton, pero también una metáfora de la fe: «Dios, no acepto lo que me dices. Parece que es verdad lo que me cuentas, pero no acabo de creérmelo, solo quiero que me digas si es verdad. Dame más luz, siempre me parece insuficiente, me parece que las sombras son más y más densas, dame una señal para que pueda acabar, como Will, aceptando tu claroscuro y difundiendo tus historias».

Decía S. Tamaro: «el corazón del hombre era como la tierra, una mitad iluminada por el sol y la otra, en sombra. Ni siquiera los santos tenían luz en todas partes. (...) Vivir es tan solo tener conciencia de esto, saberlo». Saber que todos de-

bemos jugarnos la vida a la margarita del «existe o no existe», del «me quiere o no me quiere».
Suficiente luz, suficiente oscuridad... Incluso, la
misma luz admite grados. Al igual que la vincu-
lación con el mar: uno puede solo pasear, tomar
el sol, dejar que las olas mojen sus pies o zam-
bullirse. Lo mismo le ocurre a la libertad y a la
fe: hay quienes dan la vida por ellas y quienes
viven una fe o una libertad de «orilla de playa».
Hay quienes sufren martirio y a quienes sus de-
vociones les sirven de píldora para poder dormir
y segur adormeciendo su conciencia siempre
atormentada.

Entonces, la gran pregunta no es: «si Dios
existe, ¿por qué se esconde?», sino «¿quieres
realmente que exista?». Porque la pelota estará
siempre en nuestro tejado. Hay pruebas para
todo el que, en medio de tormentas y vendava-
les, en medio de nubes y sombras, de injusticias
incomprensibles, quiera creer. Siempre habrá
tempestades en nuestro interior, a veces pasaje-
ras, a veces... más duraderas. Lo mismo le sucede al mar, combina tiempos de calma con tormentas. Pero, con sus luces y sombras, siempre
está ahí. «Más fuerte que las aguas impetuosas,
más fuerte que el oleaje del mar, es el Señor en
las alturas» (Sal 93, 4). No podemos librarnos de

él. Podremos no hacerle caso, ignorarlo, pero, hagamos lo que hagamos, nos esperará y nada de lo que hagamos podrá disminuir su constante susurro: «te amo», «te amo», «te amo».

Cuentan que una noche un hombre soñó que caminaba por una playa como por su vida, pero cada uno de sus pasos dejaba impreso en la arena un par de huellas, las suyas y las de Dios. Al terminar y darse la vuelta, vio extrañado que, en los peores momentos de su vida, en las casillas más oscuras, en medio de las sombras, solo había un par de pisadas y le dijo a Dios: «supongo que simbolizan los momentos en los que me alejé de Ti». Dios le corrigió: «no, fueron aquellos en los que Yo te llevaba en brazos».

Casillas blancas y negras, días de azul despejado y oscuros como el carbón, mar como un plato, mar salvaje. Mar: tienes el encanto de lo inabarcable e incontrolable. Como Dios. Cuando me siento frente a ti, cuando paseo por tus orillas, vuelvo a darme cuenta de que no tengo que lograrlo todo, no puedo controlarlo todo, y este pensamiento de inmensidad me calma y me da paz, me conforta y renueva mi libertad.

Rebosas trascendencia porque transmites calma, esa calma divina que sabe confiar, esperar, amar sin condiciones. Nos recordaba Benedicto XVI que solemos ser impacientes y que, ante tanto mal –que en sus diversas formas, tanto provocado por nosotros como por las leyes de la naturaleza, sigue siendo la primera de las razones de increencia–, deseamos gritarle a Dios: «"¡Reacciona! ¡Despierta! ¡Haz algo!". ¡Cuántas veces desearíamos que Dios se mostrara más fuerte! Que actuara duramente, derrotara el mal y creara un mundo mejor. (Pero) el mundo es redimido por la paciencia de Dios y destruido por la impaciencia de los hombres».

Nuestra libertad es tan verdadera como las leyes que rigen la naturaleza. Dios se ha atado las manos con ambas, mientras nosotros... impacientes, nerviosos: «¡que se acabe la maldad de los impíos! Tú que sondeas las mentes y los corazones, tú que eres un Dios justo, apoya al inocente» (*Sal* 7, 10).

Tenía razón B. Pascal cuando nos recordaba que «todos los males del mundo provienen de una sola cosa: de no saber estar tranquilos sentados en una habitación». El paso del tiempo no soluciona todo, pero sí muchas cosas. *Lo importante, muchas veces, debe esperar.*

Frente a un mundo que, con su lógica del mercado, te recuerda constantemente que la vida va de ganar, de triunfar, de lograr, de tener, de ser «cada vez más rápido», de «tonto el último»; el mar, con su sensación de infinito, ventana abierta a la trascendencia, nunca dejará de transmitirnos paz y sosiego: todos, independientemente de nuestro país de origen, de nuestro color de piel, de nuestra edad y *estatus* social, somos bienvenidos, esperados en sus aguas, abrazados.

El mar nos guiña un ojo y se despide esperando nuestra próxima visita. Así se nos vuelve a mostrar como hogar que añora, al que siempre se vuelve. Porque lo que nunca cansa tiene necesariamente que ser algo como él, grandioso e irresistiblemente hermoso. De ahí su adicción.

Tercera parte
EL MAR Y SUS PARADOJAS

Vamos ahora a adentrarnos en lo más profundo, la fosa de las Marianas, a casi 11 kilómetros por debajo del nivel del mar, más de 2 000 metros de diferencia con la altura del Everest. Ahí los tesoros son realmente preciosos. Las siguientes paradojas contienen las llaves de sus cofres.

Para disfrutar plenamente de la inmersión, te recomiendo una actitud de abandono, de un abandono casi total y proporcional al goce que nos producirá el descubrir un mundo nuevo. Mientras bajamos, no dejará de acompañarnos el consejo de Nicodemo, «nacer de nuevo», porque dichas paradojas pueden anticiparnos la novedad en la que todo, empezando por uno mismo, acabará transformándose.

Pero te advierto que descender a tales profundidades puede producir cierta angustia. ¿Qué quiero decir? Dejemos que sea S. Kierkegaard, un hombre a quien la angustia le acompañó a lo largo de su vida, quien nos lo explique. Este filósofo danés tuvo la genialidad de plasmar en su obra la teoría de los tres estadios del hombre: el hombre está llamado a alcanzar la existencia auténtica a través del paso de un estadio a otro, un paso que necesariamente es *angustioso*. Así podríamos describir sintéticamente cada uno de ellos.

El primer estadio es el *estético*, el del «don Juan», el de quien vive volcado en lo sensible. Un cazador de sensaciones en busca de la inmediatez. Un hedonista que vive para el goce, sin responsabilidades, sin seriedad. Vive el momento y se regocija en el placer de lo efímero. Un libertino sin barreras morales.

Pero la prolongación de este estadio acaba necesariamente en el aburrimiento: el elenco de placeres es reducido y llega un momento en que se repiten y, con el tiempo, acaban perdiendo intensidad. El esteta es, en el fondo, un desgraciado, un desesperado. Lo mejor que le puede ocurrir es que, cuanto antes toque fondo, que sienta intensamente ese vacío. *Porque esa angustia de vacío es el mejor impulso para que consiga superar el estadio*. Su situación nos trae a la memoria la primera parte de nuestra inmersión… cuando tratábamos de pasar de los sentidos externos a los internos… ¡Hay que vivir de algo más que de sensaciones!

El segundo estadio es el *ético*. El prototipo es el esposo: su satisfacción se cumple en la familia y el en trabajo ordinario. Ha pasado del placer al deber. De lo efímero y transitorio a la estabilidad y la continuidad. El hombre ético es capaz de volver con fidelidad y de todo corazón a la misma cosa. Empieza a aceptarse, a saborear la libertad. Asume lo que es y, por tanto, también lo feo y lo malo que encuentra en su vida o que ha causado en la vida de otros. Se arrepiente, pero no puede hacer más. Querría más, pero no puede y, de nuevo, la angustia. No le basta con el arrepentimiento y no cesa de buscar algo más. Es el siguiente estadio… el salto a la fe.

El último estadio es el del hombre *religioso*. Aquí el prototipo es Abraham. Dios le prometió un hijo tras una vida angustiosa sin poder tenerlo. Pero, tras dárselo, a la edad de once años, le pide que lo sacrifique. Abraham, no sin angustia, está dispuesto al sacrificio de lo que más quiere, sin embargo, en el momento de hacerlo, un ángel detiene su brazo. Abraham supera el estadio ético donde podría haberse enfrentado con el Dios que le pide tal cosa, un Dios «que se contradice»: me lo da y quiere quitármelo. Abraham supera la ley, «nace de nuevo a lo Nicodemo», se abandona a la voluntad divina: confía en ella por encima de toda lógica. Y Kierkegaard añade que, si ha conseguido llevar a cabo las palabras divinas, es porque se ha visto solo ante Dios con una relación personal e individual.

Por eso Abraham no es un fanático religioso. Es más, es la propia angustia la que le lleva a Dios. «Este pobre hombre invocó al Señor: él lo escuchó y los salvó de sus angustias» (*Sal* 34, 7). Una angustia que el mismo Kierkegaard acaba describiendo como «el querer ser uno mismo sin eternidad», es decir, sin Dios. El hombre, que es materia y espíritu, quiere descubrir la «fórmula» entre estos dos elementos y no sabe, no puede... sin Dios. La angustia, en el fondo, es la que revela nuestra dependencia divina, la que nos descubre que solo en Dios nos encontraremos y nos poseeremos, solo en Él... ¡somos!

Un Dios que permite mi angustia, pero me promete felicidad; que me da el hijo que no puedo tener, pero me lo quiere quitar. Desesperación, vértigo y, no obstante, es su misma voz inconfundible la que promete y pide. ¡Menuda angustia! «Estoy agotado de tanto gemir: cada noche empapo mi lecho con llanto, inundo de lágrimas mi cama» (*Sal* 6, 7). ¡Menudas paradojas!

También las siguientes nos mostrarán cómo realidades tan opuestas conviven en el mar, manifestación de su riqueza –de la divina–, pero reconociendo –como ya anticipábamos y escribió H. Melville en *Moby Dick*– que «es vano intentar divulgar lo que es profundo, y toda verdad humana es profunda (...). Pues todo lo que es de verdad prodigioso y temible en el hombre, jamás se ha puesto aún en palabras o libros». Por eso nos ayudarán a llegar al final del camino, pero sin llegar nunca al verdadero final, porque el verdadero no pertenece a este mundo. Nos dejarán a pocos centímetros de la meta, pero sin llegar a traspasarla.

¿Paradojas? En los inicios de la tierra estaba el mar, pero ¿al final?... «Vi un cielo nuevo y una tierra nueva, pues el primer cielo y la primera tierra desaparecieron, y el mar ya no existe» (*Ap* 21, 1). Ya solo quedará «delante del trono, una especie de mar transparente como el cristal» (*Ap* 4, 6). Entonces, ¿habrá o no habrá mar? No habrá porque ya ha cumplido su función –ya no será necesario que refleje lo que nuestros ojos por sí solos pueden contemplar– o sí habrá porque forma parte de la felicidad completa de tantos. No lo sabemos. Lo que sí sabemos es lo que a todos nos gustaría: al despertar, contemplar tu rostro, gozarnos de tu presencia (cfr. *Sal* 17, 15). El juego del escondite ha terminado. Y «ya no habrá más noche, ni necesitarán luz de lámpara o de sol, porque el Señor Dios irradiará la luz sobre ellos, y reinarán por los siglos de los siglos» (*Ap* 22, 5).

1. Vida y muerte

El mar ha sido testigo de muchas hazañas del hombre, pero también se ha cobrado muchas vidas. Nos da vida, pero, a veces, nos roba seres queridos. Es vida porque el agua es un principio vital, porque muchos viven de sus frutos y, a otros, «les da la vida» tan solo con mirarlo, porque de alguna manera logra transmitir plenitud. Pero un tsunami, un maremoto, una tempestad convierte a la más segura y estable de las embarcaciones en una cáscara de nuez. La fuerza del mar es terrible, temible, incontenible. Estremece. El mar es vida y muerte.

Como vida me recuerda de nuevo a la Eucaristía, alimento para el camino, alimento que salva y da vida eterna.

Cuenta G. García Márquez en *Relato de un náufrago* que Luis Alejandro Velasco, el protagonista, en su octavo día de naufragio alimentándose exclusivamente de agua de mar, ve de pronto una gaviota grande, oscura y vieja volar alrededor de la balsa. Pronto a esta gaviota se le suman otras y describe: «me sentí acompañado y alegre. No tenía hambre. Con más frecuencia que antes tomaba sorbos de agua de mar. Me sentía acompañado en medio de aquella cantidad de gaviotas que volaban en torno a mi cabeza. Me acordé de Mary Address –su novia–. "¿Qué habrá sido de ella?", me preguntaba, recordando su voz cuando me ayudaba a traducir los diálogos de las películas. Precisamente ese día –el único que me acordé de Mary Address sin ningún motivo, apenas porque el cielo estaba lleno de gaviotas– Mary estaba en el templo católico de Mobile ordenando una Misa por el descanso de mi alma. Aquella Misa –según me escribió Mary a Cartagena– se dijo el octavo día de mi desaparición. Fue por el descanso de mi alma. Y ahora también creo que fue por el descanso de mi cuerpo, pues aquella mañana, mientras yo me acordaba de Mary Address y ella asistía a una Misa en Mobile, yo me sentía dichoso en el mar, viendo las gaviotas que anunciaban la cercanía de la tierra».

Nunca nos deja. Realmente está ahí, como paloma con rama de olivo –o gaviota– que anuncia un nuevo comienzo. «¿Acaso puede una madre olvidarse de su hijo de pecho, no conmoverse por el hijo de sus entrañas? Pues, aunque esto ocurriese, Yo nunca me olvidaré de ti» (*Is* 49, 15).

Pero como muerte me trae a la memoria a esa enorme ballena blanca con la boca torcida y la aleta caudal rota, *Moby Dick*. El capitán Ahab, desde que por su culpa perdió su pierna izquierda, vive con la obsesión de matarla, sumergido en una venganza, es decir, vive de cara a la muerte. Cuando logra verla y clavarle su arpón, *Moby Dick* responde destruyendo la proa del Pequod, que empieza a hundirse. Con sus últimas fuerzas le clava de nuevo el arpón, pero la cuerda se le enreda en la pierna y su propia arma de muerte acaba sepultándolo bajo las aguas.

Vida y muerte se besan en el mar. La muerte es una realidad irrefutable. Su auténtica paradoja con la vida no se encuentra en que muchos que viven merecerían la muerte y muchos muertos, la vida. La vida es justa e injusta. Tampoco en que, siendo la muerte un tema políticamente incorrecto y que tratamos de silenciar, vivamos rodeados de una «cultura de muerte»: número de abortos, la extensión de la eutanasia, el creciente índice de asesinatos, homicidios, suicidios, etc. Ni siquiera en que, sabiendo que vamos a morir, sigamos pensando que eso solo le va a ocurrir a otros. Lo que recordaba B. Pascal, no sin cierta ironía, a quienes trataban de confortarle, cuando a sus 39 años enfermó de muerte: «los hombres, al no haber podido remediar la muerte, la miseria, la ignorancia, se han puesto de acuerdo, para ser felices, en no pensar en ello». Seguimos intentando «matar la muerte», pero la muerte no se puede ignorar ni trivializar ni sepultar. Su auténtica paradoja es que para vivir hay que morir, pasar por la angustia. La vida se vive dándola, entregándola. La entrega es vida. La vida es amor. Amor y muerte se abrazan, se besan.

En primer lugar, porque el amor verdadero reclama eternidad: cuando se ama de veras, se desea que el «momento» no termine. Como decía G. Marcel, «amar a una persona es sentir que se le dice: tú no morirás». El amor, en este sentido, aparece como una promesa que no puede llegar a cumplirse del todo, precisamente, por culpa de la muerte. La relación entre ambos nos hace sospechar, por tanto, la necesidad de otra vida donde sí pueda cumplirse. Estamos hechos para la eternidad, si podemos amar, es porque somos inmortales y, como redondea J. Vicente, «somos inmortales porque podemos amar».

En segundo lugar, porque tenía razón san Juan de la Cruz, quien, al referirse a la muerte, decía: «a la tarde te examinarán en el amor». Desvelándonos que, en resumen, el tiempo en la Tierra nos ha sido concedido para amar o, mejor dicho, para aprender a amar. La historia de cada hombre es la historia de su capacidad de amar. Bajo esta perspectiva, el cristianismo aparece como lo que, en definitiva, es: una gran escuela de amor, «sirve» para que lo descubramos y nos ayuda a practicarlo. De ahí que R. Guardini sentenciase: «la muerte de Cristo es la seriedad del Dios amoroso; nuestra muerte, la seriedad del hombre que es amado por Dios».

A. Camus se quejaba: «este mundo, tal como está hecho, es insoportable. Por eso tengo necesidad de la luna o de la dicha, de la inmortalidad, de algo que sea demente quizá, pero que no sea de este mundo». Y lo mismo anhelaba el mismo S. Kierkegaard cuando decía: «lo que la época necesita en el más profundo sentido puede decirse total y completamente en una sola palabra: necesita... eternidad. La desdicha de nuestro tiempo es justamente esta, que se ha convertido simplemente en nada más que "tiempo", lo temporal, que no tolera hablar de eternidad». De ahí que la angustia y la nostalgia queden superadas cuando nos miramos en nuestra propia plenitud, en Aquel donde somos plenamente nosotros mismos –en una Persona, ya que solo en una persona se puede reconocer otra–; es decir, Dios. Dios es Amor y, por tanto, Él, solo Él, tiene poder sobre el tiempo.

Hay que superar lo estético y lo ético. Superar la ciencia y la lógica. Porque es la vida conjunta, en comunión, la que nos permite seguir avanzando en la arena de la angustia. La muerte es el último capítulo de la vida y el primero de la eternidad. *Nacimos para vivir, morimos para nacer.* Me lo dice la fe, mi esperanzada angustia, mis ansias de eternidad.

2. Calma y tempestad

En él se dan fuerza y serenidad, bravura y quietud, tempestad y calma. Bandera verde y roja. En un segundo cambia el viento y una travesía de placer acaba convirtiéndose en un infierno. Así nosotros: apacibles e irritantes, tranquilos y nerviosos y, en un segundo, una calma reprimida estalla ante el comentario más inocente, escupiendo todo el rencor tragado pero no digerido. Así somos, amables y bruscos, pacíficos e impacientes, por días, por estaciones, por años.

Calma y tempestad. Decía G. Bossis que «el río no refleja el cielo más que cuando está tranquilo»; lo mismo nosotros y el mar. Solo cuando está calmado, «como un plato», se nos da, y parece extender sus brazos en señal de acogida. El mar en su calma se abre. Pero cuando arrecia la tempestad, se cierra, se repliega sobre sí mismo. Es como si algo le hubiese herido y, por eso, brama y ruge. En el mar calmado todos somos capitanes. En el encabritado no es tan fácil sostener el timón, resistir el balanceo del barco, vencer el miedo.

Calma y tempestad se dan cita, de manera singular, en cada una de las etapas de nuestra vida. A. Luciani, en su libro *Ilustrísimos señores*, dedicaba una carta al pintor anónimo de un viejo castillo en el que una vez vio cuatro cuadros que reflejaban las cuatro etapas fundamentales. La carta decía así: «El primer cuadro representa la *infancia*. Una barca de vela acaba de dejar el puerto. En medio de la barca hay un niño sentado, contemplando despreocupadamente cómo juegan las olas. Bien puede estar sentado y despreocuparse de todo, porque delante lleva el timón, inconmovible, un ángel y, aunque detrás, a popa, aparece un sombrío personaje, está profundamente dormido y no da señales de que se vaya a despertar.

El segundo cuadro representa la *adolescencia*. El niño que vimos en el primer cuadro es ya un jovencito que, en pie, desde la barca, dirige una mirada de curiosidad hacia inexploradas lontananzas donde, imagina, existen ballenas infinitas. El timón sigue en manos del ángel, pero las olas se encrespan airadas y el sombrío personaje ha dejado de dormir; su torva mirada nada bueno promete, con esos ojos que ambicionan el timón, dispuestos al asalto.

El tercer cuadro representa la *edad madura*. Ahora en el barco va un hombre que lucha denodadamente contra la furia del huracán en una estampa de aquelarre; el cielo está sombrío, sombrío el hombre y el timón en manos del sombrío personaje; el ángel ha sido relegado al fondo.

En el cuarto cuadro hay un *viejo* que está sentado en la barca. La tempestad se ha aplacado, está a la vista el puerto y el sol dora las olas. Guía el ángel y el sombrío personaje está sólidamente encadenado».

Los cuatro lienzos representan la vida en términos de lucha. No estamos solos en la travesía de la vida. Nos acompañan un ángel y un sombrío personaje. El primero representa la calma, el segundo, la tempestad.

Cuando el sombrío personaje se levanta y las circunstancias nos hacen tambalear, cuando parece que el viento y las olas son demasiado fuertes, que nos ahogamos, que nuestro ángel se ha dormido o se ha alejado, no estamos solos. Nunca lo estamos, aunque todo parezca indicar que Dios se hace el sordo o está jugando inoportunamente al escondite. «¿Por qué te quedas lejos, Señor, y te ocultas en los momentos de peligro?» (*Sal* 10, 1). Confía. Espera. Muchas veces, luchar consiste precisamente en eso: confiar y esperar. ¡Casi nada! Porque al final «él tendió su mano desde lo alto y me tomó, me sacó de las aguas caudalosas» (*Sal* 18, 17).

Puede que en nuestra vida haya habido grandes tormentas. Drogas, sexo, alcohol, han intentado llenar momentos en los que necesitábamos algo que nos sacase de una realidad que no aceptábamos, de una vida con la que no estábamos contentos, de un dolor que nos excedía, de una injusticia sin respuesta o, simplemente, de una rutina que nos dejaba vacíos. Y necesitábamos algo «más fuerte», algo que nos despertase, que nos mantuviese vivos. Algo… que también hacen las tormentas. Sin embargo, dentro de nosotros envidiábamos la paz, la anhelábamos con todas nuestras fuerzas. Buscar la paz. Vivir en paz. No solo como cuando decimos «descanse en paz», sino en vida, ¡qué difícil resulta vivir en paz!

Porque *la verdadera paz, la que no nos deja, la que llena, es fruto de la lucha* por mantener el barco a flote pese a las tormentosas circunstancias por las que por momentos podamos estar pasando. Lucha con uno mismo. Luchar por recomenzar las veces que haga falta, por pedir perdón, por volver a ser niño, por abandonarse: confiar y esperar.

«Subiendo después a una barca, le siguieron sus discípulos. Y he aquí que se levantó en el mar una tempestad tan grande que las olas cubrían la barca; pero él dormía. Y se acercaron y le despertaron diciendo: "¡Señor, sálvanos, que perecemos!". Jesús les respondió: "¿Por qué teméis, hombres de poca fe?". Entonces, levantándose, increpó a los vientos y al mar, y se produjo una gran bonanza. Los hombres se admiraron y dijeron: "¿Quién es este que hasta los vientos y el mar le obedecen?"» (*Mt* 8, 23-28). «Tú afianzas las montañas con tu poder, revestido de fortaleza; acallas el rugido de los mares» (*Sal* 65, 7-8).

Él es de quien procede toda paz. Solo Él la puede dar. «La paz os dejo, mi paz os doy; no os la doy como la da el mundo. No se turbe vuestro corazón ni se acobarde» (*Jn* 15, 27). Pero uno solo puede llegar a experimentarla cuando, previamente, ha experimentado estas otras palabras suyas: «sin mí no podéis hacer nada» (*Jn* 15, 5). Son verdad y uno las siente al percibir la enorme diferencia entre la «nada» y el «algo». Porque «nada» es… «nada». Jesús no les dijo que sin Él podrían llegar a hacer un diez por ciento, ni siquiera un uno por ciento. Empleó la palabra que indica abandono total, «nada», la que nos asemeja a la actitud de Abraham. Entonces, solo entonces, la paz logra anidar en nuestros corazones.

3. Gozo y dolor

«Hay quien ama el mar, quien lo teme. Yo lo amo, lo odio, lo temo, lo respeto, lo cuido, lo detesto y, a menudo, lo maldigo. El mar saca de mí lo mejor y, a veces, lo peor», R. Savage. Cierto, pero el mar es, sobre todo, gozoso. Puede que una ola nos haya golpeado, producido magulladuras o, incluso, dejado paralíticos; que por tomar demasiado sol nos hayan salido quemaduras y ampollas, que hayamos sido atacados por uno de sus «habitantes», que nos duela la ausencia de quienes trabajan en él, que todavía no nos hayamos repuesto de haber sufrido la muerte de un ser querido entre sus aguas: todo esto produce dolor –e incluso miedos que todavía puede que perduren– pero, con todo, el mar es gozoso. *El dolor custodia el don que se nos tiene preparado*. Como decía Hölderlin: «donde está el peligro, allí está también la salvación».

El mar es gozoso, con un gozo, un don no comparable al reencuentro con el amigo, al de una buena película, a esa cerveza tan esperada, al de una gran sinfonía, ni siquiera al que se produce tras cerrar un buen negocio o vencer en una competición. Ni siquiera es gozoso por los muchos deportes que nos permite practicar. Estamos ante el gozo de la naturaleza. Ella nos lo brinda. No es algo artificial, ni construido, planificado o medido; es el gozo de lo inmerecido. Si hemos tardado más de tres millones de años en vivir en ciudades... quizá por eso la naturaleza nos atrae tanto.

El gozo del sol sobre el cuerpo, de su brisa, de la arena fina, de un blanco dorado y hueso, deslizándose entre los dedos de las manos o de los pies en cada blanda o dura pisada, del agua refrescante y salada, de la luz y las sombras que la mirada descubre, de ver el sol reflejado en la superficie del agua brillando u ocultándose tras el horizonte, del descubrimiento de cómo verdes, violetas, amarillos, azules y blancos se dan cita entre las olas, es el gozo sin límites. Un gozo incompatible con las prisas y muy dependiente de la capacidad de contemplar de cada uno. Porque la vida verdaderamente gozosa es aquella marcada por la contemplación. La contemplación es el turbo de nuestra capacidad de disfrute. Y el mar te susurra continuamente: «no te lo pierdas». Gozo de todo aquello que hasta ahora nos ha sugerido. Un gozo que es antesala de plenitud. Un derroche de disfrute. «Resuene el mar y todo lo que hay en él, el mundo y todos sus habitantes; aplaudan las corrientes del océano, griten de gozo las montañas al unísono» (*Sal* 98, 7-8).

Y si le preguntásemos a M. Machado el porqué de tanto disfrute, nos respondería:

«Para mi pobre cuerpo dolorido,
para mi triste alma lacerada,
para mi yerto corazón herido,
para mi amarga vida fatigada...
¡el mar amado, el mar apetecido,
el mar, el mar y no pensar en nada!».

Pero este gozo no logra desligarse del dolor: en la vida, gozo y dolor son inseparables. ¿Has visto alguna vez cómo los surfistas buscan las olas? Permanecen varios minutos sumergidos en el agua esperando, simplemente esperando. Pero, cuando vuelven a la playa arrastrando sus tablas, no hablan ni de la temperatura del agua ni de esos minutos de espera, lo que cuentan es la increíble ola que pillaron en el momento justo. El gozo que les produjo esa sensación de velocidad, de libertad, supera con creces toda espera.

Si antes recurrimos a la paz interior para reconciliar la calma y la tempestad del ánimo, es el amor lo que hace que el gozo y el dolor se abracen. *No se puede amar sin sufrir.* Forma parte del madurar en el amor el cambio de los sueños de una vida tranquila por aquellos que la acogen en toda su realidad, con sus dolores y alegrías. Quien mucho ama es experto en dolores...

En la *Odisea* se narra que Ulises, antes de regresar a su hogar, debe bordear la isla de las sirenas. Seres que, con sus bellos cantos, hacen que los marineros pierdan el control de su voluntad y que sus embarcaciones naufraguen. Ulises manda a su tripulación que se tapen los oídos con cera y que a él le aten al mástil del barco con cadenas –no quiere perderse semejante melodía–, haciéndoles antes jurar que no se las quitarán por nada del mundo. Al oír el canto, Ulises grita y suplica ser liberado, pero sus compañeros le desobedecen. El barco deja atrás la isla. La tormenta se calma y la razón vuelve a guiar su voluntad. La prueba ha sido terrible: sin cadenas, Ulises hubiese muerto.

Otro héroe, Orfeo. También tiene que superar la «tormentosa» isla de las sirenas, esta vez para conseguir el vellocino de oro. Orfeo ni se encadena ni nadie se tapa los oídos. Cuando empiezan a percibir el dulce canto, Orfeo –hijo de Apolo, el dios de la música– coge su lira y toca otra melodía. Dos cantos de igual belleza se enfrentan y vence el suyo. Los argonautas superan también la prueba, aunque de un modo distinto.

El mar es capaz de curar heridas, pero también de herir. Gozo y dolor. Dos armas distintas: en un caso, las cadenas, en otro, la capacidad de crear una música más bella. En el primero hay rechazo, en el segundo, elevación, una que acaba por desenmascarar los efectos nocivos de los cantos. Dos maneras distintas, pero complementarias, de sobrellevar el dolor en el gozo. Cadenas que equivalen a fármacos y pastillas, y un nuevo cántico que equivale a afrontar la situación desde otra perspectiva, con esa nueva sabiduría donde lo nocivo del canto inicial se percibe de otra manera, «nace de nuevo» en el ofrecimiento.

A tal sabiduría se referían los griegos cuando sintetizaban el arte de formar buenos ciudadanos de sus polis en la siguiente frase: «templar el carácter y afinar el gusto». Es decir, aguantar el tipo –cadenas de Ulises–, aceptarse e ir formándose un gusto que sea capaz de integrar lo nocivo en una belleza que salva, en una melodía superior –la de Orfeo–. Un gusto, por tanto, capaz de saborear también lo que la fe ofrece. Cuando los sentimientos del ciudadano estén anclados en la verdad y el bien, será capaz de acceder a bellezas mayores, realmente estará formado.

Los griegos sabían que formar no consistía solamente en transmitir ciertos conocimientos, sino en modelar la voluntad y la afectividad. Uno está formado cuando todo va solo, casi sin esfuerzo... Pero para degustar cierta música y cierto arte, son necesarios unos sentimientos capaces de responder ante las melodías más bellas. El término «sapere», de raíz latina, significaba en sus orígenes el sentido del gusto y del buen juicio. Y el gusto, que es el que distingue el sabor de las cosas y logra apreciar lo bello, se forma educando el corazón. Hay que intentar llegar hasta ahí porque, como sostenía J. S. Mill, «lo que forma el carácter no es lo que un niño o una niña pueden repetir de memoria, sino lo que ellos aprendieron a amar y admirar». El gozo –el placer– y el dolor resultan dos instrumentos excelentes para la formación del corazón, donde realmente nos jugamos el destino de la travesía.

4. Rutina y novedad

Entre ese sol que sale y se pone, el mar está ahí... perpetuamente. Entre ola y ola, siempre las mismas, pero ninguna igual a otra, el mar nos brinda el espectáculo de «lo de siempre» y de «lo nuevo». Su rutina, siempre novedosa, se plasma en cada paisaje que nos ofrece, aparentemente, siempre el mismo, pero, con adelantarse unos pasos o esperar unos instantes a que el sol suba o baje, todo parece distinto. *Su espectáculo siempre se ve por vez primera porque siempre es nuevo*. La vista, como su agua, se renueva constantemente, aunque se repitan sus mareas. Por eso, entiendo a J. L. Borges cuando aseguraba que «quien lo mira lo ve por vez primera siempre, con el asombro que las cosas elementales dejan». Y finalizaba su bello poema preguntándose: «¿Quién es el mar? ¿Quién soy? Lo sabré el día ulterior que sucede a la agonía».

Rutina. Cuando las horas se hacen interminables. Cuando el día consiste en un mero resistir al tiempo. Cuando el mañana será simplemente una copia predecible del hoy. Cuando la vida se convierte en un cuento que ya no dice nada. Cuando vivo sin ilusión. Cuando en mis pensamientos encuentro más pasado que futuro, más recuerdos que proyectos. Entonces vivo –mejor sería decir sobrevivo– en «lo de siempre». La rutina y el aburrimiento anidan en mí.

Novedad. Cuando quiero lo que estoy haciendo y me levanto de la cama a estrenar mi amor –siempre nuevo porque es cierto que ayer amé, pero eso fue ayer y todavía me queda capacidad de querer–, cuando mantengo las puertas de mi vida abiertas al asombro. Entonces no hay lugar para el acostumbramiento, hay siempre ganas de aprender y de descubrir cosas nuevas. Hay humildad, amor a las limitaciones. La rutina se transforma en novedad por el amor. Lo que amas nunca envejece. Como el profesor Keating trataba de hacerles ver a sus alumnos en la película *El club de los poetas muertos* (Peter Weir, 1989): «el día de hoy no se volverá a repetir. Vive intensamente cada instante. Lo que no significa alocadamente, sino mimando cada situación, escuchando a cada compañero, intentando realizar cada sueño positivo, buscando el éxito del otro, examinándote de la asignatura fundamental: el amor. Para que un día no lamentes haber malgastado egoístamente tu capacidad de amar y dar vida».

No se trata de volver al amor del «flechazo», al «sentir» de entonces. Se trata de estar en lo que debemos estar, de amar lo que llevamos dentro, entre manos. De hacer «con todo el corazón». Porque podemos estar haciendo –oyendo– y pensando en lo siguiente –en decirle–; podemos estar en el presente, pero sin saborearlo –porque esas heridas todavía no cicatrizadas nos impiden extraerle todo el sabor–; porque aspiramos a una perfección que nos distancia de los demás o, simplemente, la imaginación –y con ella, el tiempo– se nos va a mil proyectos e ideas que, en la mayoría de los casos, nunca tendrán lugar.

El mar es siempre nuevo, sobre todo, por lo que continuamente nos susurra. Ese «te amo», «te amo», «te amo» es su secreto más profundo. Por eso nos atrae sin saber muy bien cómo, sin saber muy bien hacia quién. Siempre de manera nueva, con un amor distinto e igual, nuevo y viejo. Por eso nos abre la puerta del cielo. Por eso nos acoge con su espera de paciencia infinita. Por eso nos sorprende una y otra vez. Por eso es imposible acostumbrarse a su rumor y a sus vistas. Por eso logra dormirnos. Por eso, en fin, «me acuesto en paz y enseguida me duermo, porque solo tú, Señor, aseguras mi descanso» (*Sal* 4, 9).

En 2005, D. F. Wallace inició el discurso de apertura en la ceremonia de graduación de títulos del *Kenyon College* con esta curiosa historia: «Dos peces jóvenes nadaban en la misma dirección cuando se cruzan con uno más anciano nadando en sentido contrario que les pregunta:

—Hola, muchachos, ¿cómo está el agua?

Los dos jóvenes siguen nadando y, al cabo de un rato, uno le dice a otro:

—¿Qué es el agua?».

Como dice A. Cencini, «si estuviésemos atentos a las cosas obvias, nos daríamos cuenta de la compañía de Dios, que sostiene constantemente nuestra esperanza». Por eso, B. Pascal señalaba que «las mentes pequeñas se preocupan de las cosas extraordinarias; las mentes grandes, de las ordinarias». Es decir, quizá había demasiado acostumbramiento en esos jóvenes peces, quizá el mar les resultaba demasiado ordinario, obvio; pero esta historia siempre me ha hecho pensar por qué el mar es tan atrayente, por qué tantos lo añoran y se benefician de él, ¡siendo tan pocos los que todavía no conocen su secreto!: «te amo», «te amo», «te amo». De ahí proviene toda su magia, su declaración amorosa hace que la rutina sea siempre novedosa.

Aunque, bien pensado, cierta rutina siempre es conveniente: no podemos estar continuamente inventándolo todo, improvisando en cada momento. Necesito saber que el bus pasará a la hora prevista, que la tienda estará abierta el sábado por la tarde, que tantos minutos a tantos grados es la combinación perfecta para que la pizza salga como me gusta, etc.

Tenía razón san Agustín cuando decía que Dios creó al hombre para que hubiera inicios. Sus palabras respondían a una intuición muy profunda: apelaba a nuestra libertad, a nuestra capacidad de improvisar, de no hacer siempre lo mismo, ni siquiera de hacer el bien siempre de la misma manera. No todo está previsto, podemos cambiar el curso de los acontecimientos. Nuestra vida no es un golpear la bola en un billar sin rozamiento. Podemos sorprender porque «lo de siempre» es, sobre todo, el amor. Eso es lo que siempre se nos ofrece y se nos pide, de una manera u otra. Y, entonces, ya nada es igual…

El amor hace nuevas todas las cosas… por eso en el mar todo «suena distinto», el bocadillo de calamares, tomar el sol en su orilla, dar toques a un balón, pasear por la playa... Y todo eso es diferente porque no se cansa de decirnos «te amo», «te amo», «te amo».

5. Finito e infinito

Veo la línea del horizonte. Es una gran recta. La veo porque ahí los colores se dividen, aunque predomine el azul, siempre hay uno más claro y otro más oscuro. Los diferentes tonos son los que enriquecen la vida y la hacen bella. La diversidad es riqueza; suma, no resta. ¿Cóncavo o convexo? Mi punto de vista, mi gusto, debe siempre optar entre encerrarse en sí mismo o experimentar nuevos sabores. ¿Conservadores o progresistas? Ambos son necesarios para el avance del mundo. ¿Optar por el fijismo y la seguridad o el riesgo y la aventura? Los gustos desiguales no dan lugar a la realidad, es la realidad la que da lugar a los diversos gustos. Y el gusto, el parecer, será más veraz en tanto se asemeje a la realidad. El horizonte siempre será horizonte, aunque acoja tonos tan diversos.

Y cada vez que me acerco a él parece que se aleja, se desplaza. Por eso no es tan fácil decir aquí empieza la tierra y allí acaba el mar... Así es la meta en la vida: siempre presente y aparentemente ausente. Una meta que orienta, camina conmigo y me llena. Es más, una meta que se hace camino: «Yo soy el Camino, la Verdad y la Vida» (*Jn* 14, 6). Una vida que se realiza en cada paso porque la meta es así: la medalla puede ser saboreada cada día, en cada instante, en cada nudo que nos acerca o aleja de ella, de ese horizonte siempre cercano y lejano. «Me harás conocer el camino de la vida, saciándome de gozo en tu presencia, de felicidad eterna a tu derecha» (*Sal* 16, 11).

En esa gran recta se unen lo finito, esa gran cantidad de agua, con lo aparentemente infinito: ¿dónde tiene el universo su límite? Mirándola, y mirando el universo, es cuando me veo limitado y pequeño, necesitado. Empequeñezco y vuelvo a confiar. Porque me doy cuenta de que formo parte de un plan mucho más grande. Mi mundo es pequeño, este planeta, también, pero mi interior es inmenso. Por eso, esa línea me recuerda que lo finito tiende a lo infinito. Mirando esa gran recta me descubro y, al mismo tiempo, me siento extraño. «¿Qué es el hombre para que pienses en él, el ser humano para que lo cuides?» (*Sal* 8, 5). Hay algo infinito en mí, algo inmortal. Soy más de lo que pienso, de lo que tengo, de lo que puedo. Soy más, mucho más.

En esa línea se une lo material y el aire, algo que puedo medir y controlar y algo que... no tanto. Por eso, también refleja nuestra composición: cuando nacemos, nuestro cuerpo posee el 78% de agua, al envejecer llegamos al 60%. Bajamos de porcentaje líquido, aunque nuestro cerebro sigue siendo agua en su 80%. Seguimos necesitando aire, no podemos vivir sin él, pero tampoco de él. La línea me transmite que lo que me llena nunca será medible ni vendible ni comercializable. Mi yo más profundo no tiene precio porque solo se colma con aquello que no se puede medir ni controlar. Esa línea somos cada uno de nosotros, cuerpo y alma, materia y espíritu, finito e infinito.

La inexactitud nos hace felices porque nos recuerda lo infinito. Por eso las olas nos gustan. No hay dos iguales. Son inexactas. Exceden nuestra capacidad de cálculo, de control y, por eso, nos gusta tanto cogerlas en un intento de coger lo inútil, lo efímero, lo pasajero...

Y, aunque esa línea horizontal se vea a veces más clara y otras, más difusa, estoy seguro de que el mar no se termina donde acaba mi mirar. Aunque me vea tan material, tan corporal, noto que soy más que mi cuerpo, más que mis ligamentos y células, más que mi jaqueca, mi dolor de muelas y mi cáncer terminal. Mi yo, al igual que mi dolor, no acaba en sí mismo. Solo hay que abrirle la puerta para que entre el aire. Sin aire es como un horizonte sin cielo.

Anhelo trascendencia, la deseo. Porque amo de verdad, quiero amar eternamente. No puedo amar de mentira, eso sería como querer por un tiempo, por unas horas, por una noche. Amar es hacer esta noche eterna. Hoy, como diría Rilke en las *Elegías de Duino:* «pues en parte alguna hay permanencia», necesito más que nunca eternidad, un para siempre, para quererte, para ir más allá de lo que veo, allá donde la línea del horizonte une el cielo con el mar.

Todos necesitamos trascendencia. «Los días del hombre son como la hierba: él florece como las flores del campo; las roza el viento, y ya no existen más, ni el sitio donde estaban las verá otra vez. Pero el amor del Señor permanece para siempre» (*Sal* 103, 15-17). El mundo no es una broma que acaba con la muerte, ni un campo de concentración, ni un patio de recreo, ni el parqué de Wall Street, sino el prólogo de la historia de amor más grande jamás contada.

Cuando te dicen que careces de horizonte, te están «haciendo ver» que careces de perspectiva; te falta proyecto, futuro. No se puede vivir sin proyecto: Proyecto y proyectos. El primero da sentido a la vida, es brújula. Los segundos te la van llenando poco a poco, paso a paso, golpe a golpe. Es esa medalla que nos jugamos en cada paso. Los segundos materializan el primero. De hecho, los segundos son efímeros y vacíos cuando el Proyecto no se hace presente en ellos. Los proyectos sin Proyecto son como un mar sin orillas, sin línea del horizonte, un mar que no es mar.

Así el mar, una materia finita increíble y misteriosa, nos ofrece una tarjeta de visita, una entrada hacia lo infinito. Y así como uno al entrar en un centro comercial, en un aeropuerto o en un bar, chequea su móvil para ver si puede conectarse gratuitamente, ¡en el mar siempre hay wifi! porque de una manera misteriosa está presente lo sobrenatural. Siempre hay conexión espiritual gratis, pero hay que saber/querer conectarse.

Míralo de nuevo, míralo por última vez, por vez primera o, mejor, como si fuese la única, y deja que te diga, que te ame, deja que te lleve de la mano al infinito. No temas, el horizonte es solo como el faro que guía; pero no es el final, hay más, mucho más. Igual que ves la materia finita y sospechas que no es todo. Igual que cuando te miras al espejo y sospechas que eres más que tu peinado, la suma de tus huesos, tendones, músculos, arterias y todas tus células. *La ciencia es el horizonte; pero más allá está la filosofía y, todavía un poco más, la poesía, la contemplación del lenguaje, que intenta, sin lograrlo nunca del todo, mencionar lo indecible, sugerir con palabras finitas el infinito.* Porque, como apuntaba J. H. Newman, «el que nos ha creado ha querido que, en matemáticas, lleguemos a la certeza por medio de la rigurosa demostración; pero en la indagación religiosa hemos de llegar a la certeza por medio de probabilidades acumuladas. Él ha querido, digo, que obremos así y, queriéndolo, Él coopera con nosotros en nuestra acción, y así nos capacita para que hagamos lo que Él quiere que hagamos y, por poco que nuestra voluntad coopere con la suya, nos conduce a una certeza que se levanta por encima de la fuerza de nuestras conclusiones lógicas».

Ven conmigo a pintar las olas del mar. Escribía J. Sorolla: «hoy seguí dibujando cada vez más enamorado del natural, tanto que, entre el mar, el sol espléndido, me parecía estar en mis felices días de la playa...».

Ojalá tú también hayas disfrutado leyendo estas páginas, rumiarlas al lado del mar. En la soledad de tanta belleza es siempre más fácil el encuentro con el infinito. Si no, vuelve a él y rétale y, mirándole a los ojos –verle es ya vivir–, dile: «revélame tu secreto, muéstrame lo invisible o, al menos, el esplendor de la plenitud; que sienta ese amor que dicen que tus olas reparten». Y, así donde los demás solo ven mar, verás el transcurrir de la existencia entre las orillas de la vida y el horizonte de la muerte.

Durante esta singular inmersión, *un ejercicio de contemplación*, hemos pretendido romper límites. En la primera parte, fueron los de los sentidos externos. En la segunda vimos cómo los límites de la maternidad –aunque nunca se deja de ser madre, se deja de engendrar hijos–, de la niñez, del tiempo no acaban en sí mismos. La maternidad no acababa con el dar a la luz, la niñez se convertía en tarea espiritual de la mano de la humildad, es más que una etapa vital... y nuestro tiempo reclamaba eternidad. Y en la tercera parte, con las paradojas, vimos a extremos opuestos abrazarse, sumar.

Ante un espectáculo como el mar, nos invade un sentimiento especial de felicidad y, como al general en *El Festín de Babette*, nuestros ojos se abren y no podemos sino alzar nuestra copa de nuevo y volver a reconocer que tanta belleza nos lleva al convencimiento de que la ayuda divina, la gracia, es infinita: «¡pues se han abrazado la misericordia y la verdad, y la rectitud y la dicha se han besado!».

Es un beso el de la gracia con la materia que no deja de asombrarnos. Porque *la presencia de la divinidad en la materia será siempre escondida y silenciosa, pero siempre nos estará esperando y se nos ofrecerá en forma de entrega, de servicio.* Como tú, mar, que no nos dejas, siempre disponible, con tu rumor silencioso y escondiendo a tu Creador.

¿Cuál es tu secreto? ¿Por qué atraes tanto? Porque me amas y evocas muchas de las cosas que amo, me das salud para el cuerpo e inundas mi alma de paz. Eres fuente de inspiración, capaz de despertar cualquier vena creadora. Eres como mi primer seno materno. Eres promesa, eres amigo.

Mar amigo, gracias por recomponerme una vez más, llévame siempre hasta tu creador, hacia quien te pensó y te inventó. Siento deseos de zambullirme en ti una vez más, una última vez, hasta desaparecer... para llegar a ser por completo en la trascendencia.

AGRADECIMIENTOS

No te olvides de quien te enseñó el mar por primera vez… Gracias a mi abuelo Ricardo y a mi tío Eduardo, amantes del mar.

Gracias a mis amigos: Carlos Matovelle, Agustín García-Montón Pulido, Sergio Diéguez, Eduardo Poblador, Adrián Martín, Francesco Ferrati, Miguel Palos y a tantos otros con los que he podido compartir momentos inolvidables junto al mar.

Gracias a Ignacio Pérez-Aguirre Porras por acompañarme desde el principio en este proyecto, por sus sugerencias e ideas. Y gracias también a Luis Herrera, Álvaro Fernández y a Pablo Lucena por sus añadidos y, sobre todo, por sus ánimos para llegar hasta aquí. El final suele estar en deuda con el principio, una deuda siempre difícil de saldar… como la amistad.

En la playa de Xeraco, 5 de junio